U0918808

职业长青

优秀员工的7个职业习惯训练

祝九堂／著

优秀员工综合素质全面养成计划

陕西师范大学出版社

图书在版编目（CIP）数据

职业长青：优秀员工的7个职业习惯训练/祝九堂编著.
—西安：陕西师范大学出版社，2005.1
ISBN 7-5613-3195-9

Ⅰ.职… Ⅱ.祝… Ⅲ.企业管理：人事管理
Ⅳ.F272.92

中国版本图书馆CIP数据核字（2004）第133048号

图书代号：SK4N1319

职业长青：优秀员工的7个职业习惯训练

著　　者：祝九堂
责任编辑：周　宏
特约编辑：毅　夫
封面设计：蒋宏工作室
版式设计：马丽霞
出版发行：陕西师范大学出版社
（西安市陕西师大120信箱 邮编：710062）
印　　刷：北京市天竺颖华印刷厂
开　　本：700×1000　1/16
字　　数：180千
印　　张：14
版　　次：2005年1月第1版
印　　次：2005年1月第1次印刷
ISBN　7-5613-3195-9/F・79
定　　价：23.80元

前 言

7个习惯助你职业长青

人一旦做了某种选择，就好比走上了一条不归之路，惯性的力量会使这一选择不断自我强化，并让你不能轻易走出去，生活中的这种现象就被称为“路径依赖”。

现代铁路两条铁轨之间的标准距离是四英尺又八点五英寸，为什么采用这个标准呢？原来，早期的铁路是由建电车的人所设计的，而四英尺又八点五英寸正是电车所用的轮距标准。

那么，电车的标准又是从哪里来的呢？最先造电车的人以前是造马车的，所以电车的标准是沿用马车的轮距标准。

马车又为什么要用这个轮距标准呢？英国马路辙迹的宽度是四英尺又八点五英寸，所以，如果马车用其他轮距，它的轮子很快会在英国的老路上撞坏。

这些辙迹又是从何而来的呢？从古罗马人那里来的。因为整个欧洲，包括英国的长途老路都是由罗马人为他的军队所铺设的，而四英尺又八点五英寸正是罗马战车的宽度。任何其他轮宽的战车在这些路上行驶的话，轮子的寿命都不会很长。

那么，罗马人为什么以四英尺又八点五英寸为战车的轮距宽度呢？原因很简单，这是牵引一辆战车的两匹马屁股的宽度。

马屁股的影响还不止于此。

美国航天飞机燃料箱两旁设有两个火箭推进器，由于推进器造好之后要用火车运送，路上又要通过一些隧道，而这些隧道的宽度只比火车轨道宽一点，因此火箭助推器的宽度便是由铁轨的宽度所决定的。

由此我们可以说，两千年前的两匹马屁股的宽度决定了美国航天飞机火箭助推器的宽度。这个推论当然有些夸张了，不过，它的确揭示了一条影响深远的定律——“路径依赖”理论。

第一个使“路径依赖”理论声名远播的是道格拉斯·诺思，由于用“路径依赖”理论成功地阐释了经济制度的演进，道格拉斯·诺思于1993年获得诺贝尔经济学奖。

诺思认为，“路径依赖”类似于物理学中的惯性，事物一旦进入某一路径，就可能对这种路径产生依赖。这是因为，经济生活与物理世界一样，存在着报酬递增和自我强化的机制。这种机制使人们一旦选择走上某一路径，就会在以后的发展中得到不断的自我强化。

沿着既定的路径，不管是经济、政治，还是个人的选择都可能进入良性循环的轨道，迅速优化；也可能顺着原来错误的路径往下滑，甚至被“锁定”在某种无效率的状态下而导致停滞。而这些选择一旦进入锁定状态，想要脱身就会变得十分困难。

这里所谓的“路径依赖”理论大家并不陌生，实际上它不过是人们习以为常的“习惯”的另一种说法。

习惯是一种重复性的、通常表现为无意识的日常行为规律，它往往通过对某种行为的不断重复而获得；它的长期积累便形成了思维和性格的固定倾向，最终在人们生活的方方面面起着支配作用。

人的意识分为潜、显两个层次。显意识是你处于警醒状态的知觉活动，而潜意识则在潜伏于可感知的显意识之下，默默地发挥着无形的作用。人的意识犹如海上冰山，显意识仅是露出的冰山一角，人类行为的许多奥妙，就存在于潜意识之中。学者们的研究指出，一个人的日常活动，90%已经通过不断地重复某个动作，在潜意识中转化为程序化的惯性。也就是说，不等你思考，它便自动运作了。这种自动运作的力量，即是习惯的力量。

毫无疑问，人就是一种习惯的动物。想想看，我们大多数的日常活动都只是习惯而已，从几点钟起床、怎么洗澡刷牙、穿衣到读报、吃早餐、驾车上班等，一天之内上演着几百种习惯。

习惯不仅仅影响着个人生活，许多心理学家都一致认为，实际上正是习惯引导着整个社会结构的心理机制的改变。19世纪心理学家威廉·詹姆斯（William James）说过：

“习惯就像一只巨大的飞轮……正是它，使得那些从事最艰苦、最乏味职业的人们没有抛弃自己的工作；也正是它，注定了我们每一个人都只能在自己所接受的教育和最初选择的范畴内与生活展开搏斗，并为那些自己虽然并不认同，但却别无他选的某种追求而付出最大的努力；还是它，把不同的社会阶层清晰地区分开来……”

抽象地讲，就是“行为积聚习惯，习惯养成性格，性格决定命运”。一个动作，一种行为，多次重复，就能进入人的潜意识，变成习惯性动作。人的知识积累、才能增长、极限突破等，都是习惯性行为不断重复的结果。

成功人士之所以取得令人瞩目的成就，根本上是因为他们得益于一套高效能的工作习惯，正是依赖于这些高效能的习惯路径，他们在正确的道路上越走越远，路也越走越宽。相反，大多数人之所以庸碌无为，也并非他们在工作中付出的努力不够，毋宁说是无意中累积而成的低效能工作习惯抵消了他们的大部分努力。

如果说成功有什么捷径的话，那也一定是良好的行为习惯。综观取得非凡业绩的优秀职场人士，无一不是高效能习惯的“奴隶”；在一系列决定人生成就大小的习惯中，优秀员工的7个职业习惯占据着尤其显赫的位置。

习惯1：将职业当成第二信仰

习惯2：责任、忠诚、敬业——“三位一体”的工作精神

习惯3：融入团队，创造卓越

习惯4：服从——执行的条件反射

习惯5：自动自发——创造性工作

习惯6. 惜时如金、要事当先

习惯7：身体、心理、精神——职业长青的三驾马车

本书教你如何在工作中养成办事高效的习惯，内容涵括：以正确的工作态度、忠诚敬业的职业精神为特征的观念习惯；以有效的团队合作、自律服从坚决执行的职场纪律为特征的职业素养；以注重效能、自主创新为特征的工作方法；以压力调节、身心健康为特征的职场辅助策略。

习惯的养成决非一朝一夕就能完成，尤其是那些能将你导向成功的好习惯，在一定意义上有悖于好逸恶劳的人性弱点，需要你严格要求自己，循序渐进逐步改善。为此，本书精心设计了与每个习惯匹配的专门训练，这些示范性的训练为指引你一步步提升工作能力，改善工作质量，帮你实现从庸碌

到卓越的质变。

当你养成了优秀员工的 7 个职业习惯，你就走上了职场的阳关大道，再也不用担心自己的表现不被重视，再也无须自责碌碌无为，迎接你的必将是职业长青的美好人生。

目 录

第二章　责任、忠诚、敬业
——“三位一体”的工作精神

第三章　融入团队，创造卓越

第四章　服从

——执行的条件反射

第五章 自动自发

——创造性工作

第六章 惜时如金、要事当先

第七章 身体、心理、精神
——职业长青的三驾马车

第一章

将职业当成第二信仰

在工作中雕琢自己的人生价值

→ 爱因斯坦的信仰

二十世纪最伟大的科学家爱因斯坦不仅以其创立的相对论著称于世，他一生所持守的道德信念值得每个人铭记在心；他在科学研究工作中所体现出来的崇高职业素养更是我们这些后来人应当学习的。下面这篇短文是爱因斯坦关于“我的信仰”所作的精辟阐述：

“我们这些终有一死的人的命运是多么奇特呀！我们每个人在这个世界上都只做一个短暂的逗留，目的何在，却无所知，尽管有的自以为对此若有所感。但是，不必深思，只要从日常生活就可以明白：人是为别人而生存的——首先是为那样一些人，他们的喜悦和健康关系着我们自己的全部幸福；然后是为许多我们所不认识的人，他们的命运通过同情的纽带把我们密切结合在一起。

“我每天上百次地提醒自己：我的精神生活和物质生活都依靠着别人（包括活着的人和已死去的人）的劳动，我必须尽力以同样的分量来报偿我所领受了的和至今还在领受着的东西。我强烈地向往着俭朴的生活，并且时常为发觉自己占有了同胞的过多劳动而难以忍受，我完全不相信人类会有那种在哲学意义上的自由。每一个人的行为，不仅受着外界的强迫，而且还要适应内心的必然。叔本华说：‘人能够做他所想做的，但不能要他所想要的。’这句话从我青年时代起，就对我是一个非常真实的启示；在我自己和别人生活面临困难的时候，它总是使我们得到安慰，并且永远是宽容的泉源。这种体会可以宽大为怀地减轻那种容易使人气馁的责任感，也可以防止我们过于严肃地对待自己和别人；它还会形成一种特别幽默的人生观。

“要追究一个人自己或一切生物生存的意义或目的，从客观的观点看来，我总觉得是愚蠢可笑的。可是每个人都有一个自己的理想，这种理想决定着他的努力和判断的方向。就在这个意义上，我从来不把安逸和快乐看做是生活目的本身——这一伦理基础，我叫它猪栏的理想。”

在“我的信仰”里，爱因斯坦明确阐明了人是为劳动而生的，人只有把自己奉献在工作中才是有意义的。动物按照本能生活，因而千万年来依然是被自然命运所控制；人类发展出劳动（改造自然命运）的第二天性，世代累积因而创造了高度发达的文明，得以按照自己的意愿生存。

人既是个性存在也是社会存在，与此相对应，个人生活也具有双重意义——你的工作不仅仅是为获得一份不错的薪水以维持家庭生活，你还是人类文明进程中不可或缺的一个环节，在你的身上有人类精神的浓缩。工作可以为你赢得生存所需要的生活资料，这是最基本的，也是工作的最低层次的意义。人是在实践中不断完善个性，开发能力的，因而，工作本身并不是劳役，在工作中，你的个性得以丰富，你的人格得以完善，你的知识得以累积，你的才能得以休现，一句话，你的自我得以实现。也许你的岗位不被人重视，但这并不等于说你的工作无足轻重；实际上，你的工作犹如万里铁路上的一颗铆钉，维系着这个社会的正常运转。

中国有句古话说得好：人都有七情六欲。所谓的“欲”，就是欲望，用心理学的术语说，就是需要。那么，人都有哪些需要，各种各样的需要之间的关系又如何呢？美国人本主义心理学家马斯洛对此曾有很精辟的见解。

1943 年，马斯洛在《人类动机的理论》一书中，提出了至今仍广为流传的需要层次理论。他将人的需要分成了 5 个等级：

生存需要，如吃、喝、住等满足生理机能的欲望。

安全需要，包括心理上与物质上的安全保障，如不受盗窃和威胁，人身不受到伤害，职业有保障，有社会保险和退休基金等。

社交需要，人是社会的动物，需要依附于群体，人际交往需要彼此同情互助和赞许。

尊重需要，包括要求受到别人的尊重和自己具有内在的自尊心。

自我实现需要，指通过自己的努力，实现自己的人生价值，从而对生活和工作真正感到很有意义。

马斯洛进一步指出，人的需要是天生的，只有未满足的需要才能够影响人的行为。而且，从基本的生存需要到复杂的自我实现需要，人的需要按重要性和层次性排成一定的次序。只有当人的某一级的需要得到最低限度满足后，才会追求高一级的需要，如此逐级上升，成为推动继续努力的内在动力。

对马斯洛的观点存在着许多争论。许多人从不同的角度批评马斯洛的观点或者提出自己的需要层次学说。阿德弗（C. P. Alderfer）在大量调查研究的基础上，于 1969 年在《人类需要新理论的经验测试》一文中修正了马斯洛的论点，提出了需要的 ERG 模型。该模型将人的需要分为三个水平：生存需要、关系需要、成长需要。他认为员工最初感兴趣的是满足他们的生存需要，这结合了生理和安全因素。收入、舒适的工作环境、工作保障、额外福利等都可以归为这类需要。处于下一个水平的是关系需要，它包括被他人理解和认可。第三类是成长需要，包括人类潜能的发展、自我尊重和自我实现的愿望。

不管是马斯洛的五分法，还是阿德弗的三分法，都揭示了这样一个支配人们生活的准则：人们只能在解决了生存问题之后，才谈得上其他的一切。无论是满足生存需要，还是创造条件发展更为高级复杂的心理—精神系统，都离不开职业的创造性活动。

→ 有职业使命感的人更有希望成功

职业是人的使命，工作是你分内应该做的事情。使命感是一种促使人们采取行动，实现自我理想和信仰的心理状态，是决定人们行为取向和行为能力的关键因素。富有使命感的员工，一心牵挂在工作上，没有他人的督促，也能出色地完成任务。最光荣的工作是在秘而不宣无人知晓的情况下完成的，那些不使自己的行为和工作成果在他人面前像发广告一样宣传的人，是真正将工作当做使命的员工，他们只追求内心完成使命的欣慰和满足。

使命就意味着自我牺牲和忘我奋斗，意味着尽职尽责、不肆张扬。人类历史上最为敬业的就是那些为使命感所驱动去全世界传教的牧师们。在非洲蒙昧的原始森里，在南美洲的崇山峻岭里，都有牧师的身影。他们前往与世隔绝的穷乡僻壤、还在茹毛饮血的土著部落、卫生条件极其恶劣的瘟疫流行地区，他们一辈子在那里传教，甚至老死在那里；他们不图名不图利，过着极其艰苦的生活，仅仅为了自己的神圣使命，而忘我地工作着，直至离开人世的那一天。人们应该记住他们，他们是整个人类的表率，当自己的职业遇到困惑的时候，每个人都应该多想想他们。

一些年轻人，当他们走出校园时，总对自己抱有很高的期望，认为自己一开始工作就应该得到重用，就应该得到相当丰厚的报酬。他们在工资上喜欢相互攀比，似乎工资成了他们衡量一切的标准。但事实上，刚刚踏入社会的年轻人缺乏工作经验，是无法委以重任的，薪水自然也不可能很高，于是他们就有了许多怨言。

现在的年轻人往往将社会看得比上一代人更冷酷、更严峻，因而也就更加现实。在他们看来，我为公司干活，公司付我一份报酬，等价交换，仅此而已。他们看不到工资以外的东西，曾经在校园中编织的美丽梦想也逐渐破灭了，没有了信心，没有了热情，工作时总是采取一种应付的态度，能少做就少做，能躲避就躲避，敷衍了事，以报复他们的雇主。他们只想对得起自己挣的工资，从未想过是否对得起自己的前途，是否对得起家人和朋友的期待。

之所以出现这种状况，原因在于人们对于薪水缺乏更深入的认识和理解。大多数人因为自己目前所得的薪水太微薄，而将比薪水更重要的东西也放弃了，实在太可惜。

不要为薪水而工作，因为薪水只是工作的一种报偿方式，虽然是最直接的一种，但也是最短视的。一个人如果只为薪水而工作，没有更高尚的目标，并不是一种好的人生选择，受害最深的不是别人，而是他自己。一个以薪水为个人奋斗目标的人是无法走出平庸的生活模式的，也从来不会有真正的成就感。虽然工资应该成为工作目的之一，但是从工作中能真正获得的更多的东西却不是装在信封中的钞票。

心理学家发现，金钱在达到某种程度之后就不再诱人了。即使你还没有达到那种境界，但如果你忠于自我的话，就会发现金钱只不过是许多种报酬中的一种。试着请教那些事业成功的人士，他们在没有优厚的金钱回报下，是否还继续从事自己的工作？大部分人的回答都是："绝对是！我不会有丝毫改变，因为我热爱自己的工作。"想要攀上成功之阶，最明智的方法就是选择一件即使酬劳不多，也愿意做下去的工作。当你热爱自己所从事的工作

时，金钱就会尾随而至。你也将成为人们竞相聘请的对象，并且获得更丰厚的酬劳。

人生的追求决不能停留在满足生存需要的低水平上，还应有更高层次的需求，有更高层次的动力驱使。如果工作仅仅是为了面包，那么生命的价值也未免太低俗了。不要为薪水而工作，不要麻痹自己，告诉自己工作就是为赚钱——人应该有比薪水更高的目标。工作的质量决定生活的质量。无论薪水高低，工作中尽心尽力、积极进取，能使自己得到内心的平安，这往往是事业成功者与失败者之间的不同之处。工作过分轻松随意的人，无论从事什么领域的工作都不可能获得真正的成功。将工作仅仅当做赚钱谋生的工具，这种想法本身就会让人蔑视。

事业成功人士的经验向我们揭示了这样一个真理：只有经历艰难困苦，才能获得世界上最大的幸福，才能取得最大的成就；只有经历过奋斗，才能取得成功。

将职业当成人生使命的人才有克服困难、成就自我的不竭动力，因而更容易获得全面的成功。

→ 工作的收益大于薪水

工作固然是为了解决生计问题，但是比生计更重要的是在工作中发掘自己的潜能，发挥自己的才干，做正直而纯正的事情。人应该有比薪水更高的目标。工作的质量决定生活的质量。为薪水而工作似乎目标明确，但是有着重大的疏忽。薪水只是一个短期的目标，而在工作中积累经验和才能，才是持续成功的基础。现在的放弃是为了未来的获得，在工作中要培养认真负责的态度。要对工作有正确的认识，一份工作的价值在于是否对社会有益，是否对自己的将来有益，而不是其他。只要是合法的工作，都是体面的工作。

如果你轻视自己的工作，因而做得很粗陋，那么你决不会尊敬自己。如果你总认为工作辛苦、烦闷，那么你的工作决不会做好，这一工作也无法发挥你内在的特长。在社会上，有许多人不尊重自己的工作，不把自己的工作看成创造事业的要素，发展人格的工具，而视为衣食住行的供给者，认为工作是生活的代价、是不可避免的劳碌，这是多么错误的观念啊！

人往往就是在克服困难过程中，产生了勇猛、坚毅和高尚的品格。常常抱怨工作的人，终其一生，决不会有真正的成功。抱怨和推诿，其实是懦弱的自白。

如果一个人鄙视、厌恶自己的工作，那么他必遭失败。引导成功者的磁石，不是对工作的鄙视与厌恶，而是真挚、乐观的精神和百折不挠的热情。

不管你的工作是怎样的卑微，你都当付之以艺术家的精神，当有十二分的热忱。这样，你就可以从平庸卑微的境况中解脱出来，不再有劳碌辛苦的感觉，你就能使你的工作成为乐趣，而厌恶的感觉也自然会烟消云散。

一个人工作时，如果能以精进不息的精神，火焰般的热忱，充分发挥自己的特长，那么不论所做的工作怎样，都不会觉得工作上的劳苦。如果我们能以充分的热忱去做最平凡的工作，就能成为最精巧的工人；如果以冷淡的态度去做最高尚的工作，也不过是个平庸的工匠。所以，在各行各业都有发展才能、增进地位的机会。在整个社会中，实在没有哪一个工作是可以藐视的。

一个人的终身职业，就是他亲手制成的雕像，是美丽还是丑恶，可爱还是可憎，都是由他一手造成的。而人的一举一动，无论是写一封信，出售一件货物，或是一句谈话，一个思想，都在说明雕像的或美或丑，可爱或可憎。

人生最有意义的就是工作，与同事相处是一种缘分，与顾客、生意伙伴见面是一种乐趣。即使你的处境再不如人意，也不应该厌恶自己的工作，世界上再也找不出比这更糟糕的事情了。如果环境迫使你不得不做一些令人乏味的工作，你应该想方设法使之充满乐趣。用这种积极的态度投入工作，无论做什么，都很容易取得良好的效果。

人可以通过工作来学习，可以通过工作来获取经验、知识和信心。你对工作投入的热情越多，决心越大，工作效率就越高。当你抱有这样的热情时，上班就不再是一件苦差事，工作就变成一种乐趣，就会有许多人愿意聘请你来做你所喜欢的事。工作是为了自己更快乐！如果你每天工作八小时，你就等于在快乐地游泳，这是一个多么合算的事情啊！

【自测自评】能力倾向测验

所谓能力倾向，指先天或遗传的、并不直接依赖于专门的教学或者训练的潜在的能力趋势。能力倾向测验的目的不在于总结过去习得的水平，而在于个体在将来的学习和工作中可能达到的成功程度。比如某某人测验结果表明他在逻辑推理上有明显的优势，我们就可以预测他将来在理科课程的学习上可能有较好的成绩，从而可以帮助他在未来的学业和职业的选择中做出正确的决策。

请仔细思考下列问题，回答“是”或者“否”。

◆ 恪尽职责的能力

1. 在学业上或者生活上，为了达到目的，你习惯于面对困难和解决困难吗？
2. 能否尽可能避免个人的偏见和冲突以免影响学习？
3. 如果做错，你会承认错误以及从中吸取教训吗？
4. 你能面对问题并且努力去解决它，而不让它继续困扰着你吗？
5. 有私人问题时，你仍然能够集中精力学习吗？
6. 有紧急事件发生时，你能不惊不慌，平心静气地解决它吗？

◆ 计划的能力

1. 在学习和生活上，你会从事长远规划的设计吗？
2. 对于学习，你是否至少在一个星期以前就筹划完善，知道什么时候怎样做吗？
3. 你熟悉计划的技巧吗？
4. 当你被指定学习某一专业课程时，在开始学习之前，您能够详尽地规划你的学习方法吗?

5. 你常常在规定时间内完成学习任务吗?

◆ 控制的能力

1. 你现在的学习是否符合你所计划的日程表和计划?
2. 你知道如何更好地执行学习计划吗?
3. 你是否定期检查学习成效?
4. 你有提醒自己在一定时间内完成学习的计划吗?

◆ 口头表达能力

1. 你花很多时间用于说话和聆听吗?
2. 当你陈述问题时，别人能正确地知道你的意思吗?
3. 当你表达很重要的事情时，你能够清楚地表达你的目标吗?
4. 你能够让别人听懂如何从事交付给他的任务吗?
5. 从已得到的“反馈”中，你已经知道听者确实知道您所说的内容吗?
6. 当你跟别人说话时，你能够集中全部精力吗?

◆ 文字表达能力

1. 你现在的学习或者工作需要写备忘录吗?
2. 对于比较复杂的问题，你曾经写过超过 10 页的文章吗?
3. 在学习以外，你经常写作吗?
4. 当您写作时，你对文章的语法、逻辑性、清晰程度、说服力、可读性有信心吗?
5. 如果你是一位技术专家，你现在能写一篇让外行人也读得懂的报告吗?

◆ 创造能力

1. 现在，你所从事的学习和工作需要创造性的能力吗?
2. 当你听到其他的创新时，你是否能够举一反三尝试到自己的学习中?
3. 在学校生活上，你是否常常在想用更好的办法来做事?
4. 面对困难而又一时找不到具体的办法时，你经常能够提出创造性的见解吗?

◆ 主动能力

1. 在目前的学习上，学习的方法大部分是你自己选择的吗?
2. 你是否随时主动学习，是不是被要求或者被指挥才做?
3. 学习碰到困难时，在求助老师和同学之前，你是否尝试自己解决?
4. 你是否热心地参加集体活动?
5. 你是“今日事今日毕”的人吗?

◆ 适应能力

1. 当你碰到与你的意见或者计划相反的意见时，你愿意倾听别人的看法吗?
2. 你对可能影响你的学习的新趋势保持警觉吗?
3. 你会承认错误而改变对其他观念、方法、人的看法吗?
4. 你会试着去了解“渐进求变”的优点而尽力去求其实现吗?
5. 你处理问题时，是否能够不受先入为主的观念的影响?
6. 受批评时，你认为那是学习、改进的机会吗?

每题答是得 1 分，答否得 0 分。分别统计八项能力分数，然后将它归入“强”、“中等”、“差”三类。比如您在第一项“恪尽职责的能力”上面得 2 分，则该能力为“差”，那么就在第一项能力的能力分数栏当中填上“3”。对每一项能力的分类标准是：如果满分为 4 分，得 1 分为差，2—3 分为中等，4 分为强；满分为 5 分，得 1—2 分为差，3 分为中等，4—5 分为强；如果满分为 6 分，得 1—2 分为差，3 至 4 分为中等，5—6 分为强。能力分类完成之后，记下重要性分数，即你来判断这八项能力，认为最重要的计 3 分，重要的计 2 分，不重要的 1 分，最后，将能力分数和重要性分数相加，就得到需要发展分数。

请您检查你在八项能力上的需要发展分数，5 种不同的发展分数的含义如下，请根据这些判断你在各项能力上的优劣：

2 分：在该项能力上发展很好。

3 分：在该项能力上发展较好。

4 分：在该项能力上发展一般。

5 分：在该项能力上发展较差。

6 分：在该项能力上发展很差。

评分表

技巧或能力	能力分数 1 2 3 强 中 差	重要性分数 1 不重要	 2 重要	 3 最重要	要发展分数
1. 恪尽职责					
2. 计划					
3. 控制					
4. 口头表达					
5. 文字表达					
6. 创造					
7. 主动					
8. 适应					

你可以选择工作态度

→ 面对工作是“享受”还是“痛恨”？

面对工作的态度主要有两种，我们可以从中任选其一。第一种是爱迪生所说的：“我一辈子从来没有工作过，我只是在玩而已。”另一种就是古希腊神话里邪恶国王西西弗斯王所认为的工作就是苦役。

爱迪生认为工作可以创造出生产力、乐趣以及满足感。投身于自己所从事的工作，你将从中得到源源不断的快乐和成就感。

而西西弗斯王被打入冥府后，每天必须推动庞大的巨石到山上去。一天过完之后，这块巨石又会自动掉落山谷。他每天都要重复这样的过程，日复一日都是艰辛、枯燥而且毫无意义。

工作对我们而言究竟是个乐趣，还是个枯燥乏味的事情，其实全要看自己的态度，而不是工作本身。从工作中获得快乐、成功以及满足感的秘诀并不在于专挑自己喜欢的事情做，而在于发自内心地喜欢自己所做的工作。就算你注定要做个扫大街的清洁工人，也要对自己的职责全力以赴，就好像米开朗基罗作画、贝多芬作曲或莎士比亚写诗那般地投入，倾注全力达到最好的工作表现，让每个人都为你驻足赞叹：“这个清洁工人表现真好。”

作为一种职业态度，热爱本职工作是各行各业职业道德的基本要求，也是成就个人理想的基本要求。如果一个人连他自己所从事的本职工作都不热爱，那么他就不可能敬业，也不会自觉地去钻研本职业务，这样，他的工作质量和效率也就不可能提高。

需要指出的是对于那些人们比较喜欢的条件好、待遇高、专业性强、工作又轻松的工作，做到爱岗相对比较容易。但如果岗位需要把一个人放在工作环境艰苦、繁重劳累或是工作地点偏僻、工作单调、技术性低、重复性大，甚至还有危险性的工作要做到爱岗就不容易了。在这种情况下，热爱这些岗位并在这些岗位认真工作劳动的人就是企业真正需要的人。

“我不喜欢现在做的这份工作，所以我跳槽了”，“一年了，我对我的老板受够了，所以想换个工作”，“薪水太低，而且看起来我永远也得不到升迁的机会，只好换一家啦”。职场中有一群“跳来跳去的人”——工作两三年，跳槽五六次。他们不仅让 HR 经理头疼得急忙找阿司匹林，自己恐怕也是靠着镇静剂过活的吧：每做一段时间就会觉得，手头工作不符合自己兴趣，乏味、枯燥，难以满足日益高涨的生活需要。

这是职场中人最容易犯的毛病，在如何对待职业的问题上，他们还存在着很深的误区。请你比照一下，看看是否也有相似的问题困扰着你。

◆ 误区一：乏味的工作

有些人总觉得别人干的工作既简单有趣又可以拿很高的薪水，自己的工作则是沉闷烦琐毫无乐趣，拿的是没有出头希望的微薄薪水。这些人整天挂在口头的是：要是找到一份不重复、不刻板、待遇又高的工作就好了。

其实，大多数工作都是机械重复的，秘书打完一篇稿子又打一篇，医生动完一次手术又动一次，电影明星拍完一个镜头又拍另一个，同样是在重复。开车也是重复的工作，有些出租车司机能使你的旅途愉快，有些人却令你感到乏味。分别在哪儿？也许有人说，因为有些司机他们生活得很快乐，所以才会提供很好的服务。事实恰恰相反，是因为给顾客提供了良好服务，司机们的心情才变得愉悦。

提示：枯燥乏味的不是工作，要看你是否是一个有情趣的人！

◆ 误区二：讨厌的老板

要想喜欢上你的工作和同事、老板，你必须改变自己的态度。我们要努力工作，目的不是为了取悦老板，更不是为了避免老板的监督，而是为了自己。如果一个人对生活、工作都漫不经心，势必会处处不如意，很多事都会做不好的。没有哪个老板会让员工百分之百地满意，就像我们自己也无法让别人对我们完全满意一样。但当你成为这家公司的一分子时，就应该做到全力以赴，不该去拉付你薪水的人的后腿。

提示：对老板不满，令你所受的苦远远多于你的老板，他最多损失一点钱，而你却失去了热情、自尊及一大段宝贵的生活经历。

◆ 误区三：没有时间享受生活

如果硬把自己的生活分成“工作”与“娱乐”两部分，无异是在跟自己过不去。换一个角度去看待我们的工作和娱乐，两者都是你的生活，爱你的工作就像爱一个人一样，开始的时候可能沉迷在新鲜、刺激中，但长远的爱一定是发自内心的选择。做自己爱做的事，并不是一边在热带海滩上享受，一边伸手接过工资；而是热爱一件事，并且投入所有的爱、活力和创造力，这样去工作，我们才会做得有尊严。

提示：热爱工作是一种选择，是享受生活的惟一方法。

◆ 误区四：难处的人际关系

很多跳槽的人嘴上说是因为不喜欢自己的工作了，或是说总在一个公司做烦了，其实更多原因是在单位里人际关系处理得不好，“跳槽”就成了逃避问题的惟一解决方案。但是，你会发现，如果你不提高处理人际关系的能力、不改进你自己，你将要一次次在不同的工作面前解决同样一个问题。

提示：美国著名的成人教育家卡内基先生说：“一个人的成功，15%是由于他的专业技术，85%是人际关系和处世技巧！”这本来是一种基本的能力，也许过去传统的学校教育并没有教会你，但你必须得懂！

总之，从现在开始热爱你的工作，学习提高处世能力，把“问题”在现状中解除，积累丰富的经验，不然当“梦想已久的工作”来临时，靠什么抓住它呢?

→ 职场的第一竞争是态度

佛堂里的一块大理石有一天抬起头来对佛像说：“我们原本来自于同一块石头，可现在我躺在这里，灰头土脸，受万人踩踏，而你却站在那里，高高在上，受万人膜拜，世道为什么如此不公平呢?”佛像对它说：“是啊，我们是来自深山的同一块石头。在被人景仰之前，我经过了能工巧匠数年的精雕细琢，才得以站在这里；而你只是经过简单的打磨，所以你就只能铺在地上给人垫脚啊。”

虽然同为石头，一旦被雕成佛像，话里话外充满了禅机，成为众人膜拜的偶像。相反，如果你只是经过粗制滥造，不能承载任何高贵的价值，那你就只能安于做一块铺地板的“贱”石头了。实际上，人人生而平等，大家都是血肉之躯，有谁天生就高贵呢?生活中我们这些凡夫俗子谁又比谁差呢?可数年之后，生活注定会把我们分成坐车的、赶车的、造车的、修车的。

每个人都拥有选择的自由，你可以选择你喜欢的职业，如果不能选择你喜欢的职业，你还可以选择对待职业的态度。正确的选择能造就非凡的你，而错误的选择则可能毁掉你。社会需要那些受过良好的职业训练、勤奋敬业的员工，而不是投机取巧、嘲弄抱怨的平庸劳动力。在职业生涯的第一阶段就选择好自己的职业态度将使你成为职场中的一棵长青树。相反，工作中麻木不仁、投机取巧、马虎轻率、嘲弄抱怨，对领导分派的任务眼高手低、吹毛求疵、推脱借口等诸如此类的一切消极被动的不良习惯都会影响个人的职业前途。职场发展的关键所在并不是智商高、运气好，而是忠诚敬业、自动自发、勤奋刻苦的良好态度。

一个人的心态是否端正，往往决定了他能发挥出多大的专业水平、能创造多大的业绩，也决定了他在企业中的位置。索芙特保健品公司行政

管理中心副总监郝群说："企业用人其实并不太看重学历，而是取决于他展示出来的能力和水平，许多人在职场发展慢，不是没有能力，而是心态不够好。"

态度是衡量一个员工是否敬业的重要标准，假如你连基本的热爱本职工作、积极主动、有责任心、干事不拖拉都没有的话，他又如何能对本职工作尽职尽责呢？一位成功的女企业家曾说，她在招聘员工的时候，雇用与否取决于应征者的态度。她说，现在员工的敬业精神比我们以前差多了，首先工作态度就不对头，一来就先问在公司的发展机会，还有一年有几天年假、公司有什么福利等问题。这位女企业家在年轻刚踏入社会时，根本不计较做什么工作，而且只要是公司的事，她都乐意去做，人家不做的她也愿意做，还欣然接受额外加班的时间。几年下来，她摸透这个产业后便自行创业，现在是非常成功的女企业家。

衡量一个人是否敬业，就是无论把他放在哪一个岗位上，他都能够兢兢业业、任劳任怨地发挥自己的智慧和才干。

大学毕业后，于丽应聘到一家外企。她每天上班的工作就是：拆应聘信，翻译；翻译，拆应聘信。量大枯燥，索然无味，却忙得四脚朝天。可是于丽不急不躁，一直耐心仔细地做。10 天后，于丽被提升为人事部经理。升迁的理由是：一个名牌大学毕业的硕士生，每天千篇一律地拆信，并在几十封信中，不厌其烦地整理出有价值的信，推荐给老外上司，展示了她人事管理的才能，因而深得欣赏。总裁认为：于丽能够尽职尽责，忠于职守，干一行爱一行，自己岗位上的每一件事情都办得非常出色，企业需要的就是这样的放到哪里都能发光的人。

→ 职业无贵贱

无论你贵为君主还是身为平民，无论你是男还是女，都不要看不起自己的工作。如果你认为自己的劳动是卑贱的，那你就犯了一个巨大的错误。

罗马一位演说家说："所有手工劳动都是卑贱的职业。"罗马的辉煌历史成了过眼云烟大概与此不无关联。亚里士多德也曾说过一句让古希腊人蒙羞的话："一个城市要想管理得好，就不该让工匠成为自由人。那些人是不可能拥有美德的。他们天生就是奴隶。"

许多人认为自己所从事的工作是低人一等的，他们埋头于工作中，却无法认识到其价值；认为自己只是迫于生活的压力而不得不从事这份工作；他们轻视自己所从事的工作，自然无法投入全部身心；他们在工作中敷衍塞责、得过且过，而将大部分心思用在如何摆脱现在的工作环境上了。这样的人在任何地方都很难有所作为。

工作本身没有贵贱之分，但是对于工作的态度却有好坏之别。所有正当合法的工作都是值得尊敬的，只要你诚实地劳动和创造，没有人能够贬低你的价值，关键在于你如何看待自己的工作。那些只知道追求高薪，却不知道自己应承担的责任的人，无论对自己，还是对老板，都是没有价值的。

也许你的工作看起来并不高雅，工作环境也不尽如人意，努力成果一时得不到社会的承认，但是，请不要忽视这样一个事实：有用才是伟大的真正尺度。在许多年轻人看来，公务员、银行职员或者大公司白领才称得上是绅士，其中一些人甚至愿意等待漫长的时间，目的就是去谋求一个公务员的职位。但是，同样的时间他完全可以通过自身的努力，在现实的工作中找到自己的位置，发现自己的价值。

当今社会，有许多人不尊重自己的工作，不把工作看成创造一番事业的必由之路和发展人格的工具，而视为衣食住行的供给者，认为工作是生活的代价，是无可奈何、不可避免的劳碌，这是多么错误的观念啊！如果一个人轻视自己的工作，将它当成低贱的事情，那么他决不会尊敬自己。看不起自己工作的人，往往备感工作艰辛、烦闷，自然也不会做好工作，收获骄人的成就。

那些看不起自己工作的人，往往是一些被动适应生活的人，他们不愿意奋力崛起，努力改善自己的生存环境。对于他们来说，公务员更体面，更有权威性；他们不喜欢商业和服务业，不喜欢体力劳动，自认为应该活得更加轻松，应该有一个更好的职位，工作时间更自由。他们总是固执地认为自己在某些方面更有优势，会有更广泛的前途，但事实上并非如此。

那些看不起自己工作的人，实际上是生活中的懦夫。与轻松体面的公务员工作相比，商业和服务业需要付出更艰辛的劳动，需要更实际的能力。当人们害怕接受挑战时，就会找出许多借口，久而久之就变得看不起自己的工作了。

一位哲人曾提出过警告："如果人们只追求高薪与政府职位，是非常危险的。它说明这个民族的独立精神已经枯竭；或者说得更严重些，一个国家的国民如果只是苦心孤诣地追求这些职位，那么整个民族将像奴隶一般地生活。"

卢浮宫收藏着莫奈的一幅画，描绘的是女修道院厨房里的情景。画面上正在工作的不是普通的人，而是天使。一个正在架水壶烧水，一个正优雅地提起水桶，另外一个穿着厨衣，伸手去拿盘子——即使日常生活中最平凡的事，也值得天使们全神贯注地去做。

行为本身并不能说明自身的性质，而是取决于我们行动时的精神状态。工作是否单调乏味，往往取决于我们做它时的心境。每一件事都值得我们去做，而且应该用心地去做。人生目标贯穿于整个生命，你在工作中所持的态度，使你与周围的人区别开来。

人们看待问题的方法是有局限的，我们必须从内部去观察才能看到事物真正的本质。如果只从他人的眼光来看待自己的工作，停留在世俗的标准上，那么你眼中的工作不可避免会显得毫无生气、单调乏味，除了能给你带来一份薪水，没有任何意义。这就好比人们从外面观察一个大教堂的窗户，大教堂的窗户布满了灰尘，非常灰暗，光华已逝，只剩下单调和破败的感觉。但是，一旦你跨过门槛，走进教堂，立刻可以看见绚烂的色彩、清晰的线条。阳光穿过窗户在奔腾跳跃，形成了一幅幅美丽的图画。有些工作只从表象看也许索然无味，只有深入其中，才可能认识到其意义所在。因此，无论幸运与否，每个人都必须从工作本身去理解工作，将它看做是人生的权利和荣耀——只有这样，才能保持个性的独立。

每一件事都值得我们去做。不要小看自己所做的每一件事，即便是最普通的事，也应该全力以赴、尽职尽责地去完成。小任务顺利完成，有利于你对大任务的成功把握。一步一个脚印地向上攀登，便不会轻易跌落。通过工作获得真正的力量的秘诀就蕴藏在其中。

→ 选择正确的工作态度

◆ 主人心态

什么叫做主人心态？不管老板在不在，不管主管在不在，不管公司遇到什么样的挫折，你都愿意全力以赴，你愿意帮助公司去创造更多财富，这就是做主人的心态。什么叫做仆人？就是把自己当成企业的仆人，是在为别人而工作。老板是为自己而工作，他是要为企业创造业绩，同时也要对自己负责任。如果你有为自己工作的心态，你也具备做老板的素质。如果你的心态是在为别人工作，必须靠别人的监管控制才肯努力工作，那你注定一辈子是个打工者。

如果你这辈子想做一个主人，那就要先具备做主人应该具备的心态：只要我在做，我就要全力以赴。

◆ 干事业的心态

麦当劳的创始人在做演讲的时候向在场的学生提了这么一个问题："谁知道我们是做什么的？"所有人都不约而同地说是做快餐的，麦当劳就是卖快餐的嘛。可是他的回答却出乎了大多数人的意料："麦当劳是做地产生意的，我的职业是做快餐，可是我的事业是做地产生意。我的最大的资产不是快餐给我带来的利润，而是地产带来的保值增值！"这就是智者的眼光和远见卓识，在努力做好本职工作的同时，透过它看到了更伟大的未来，看到了事业的前景。

这也是我们每个人都要学习的一点，那就是用具有前瞻性的眼光和睿智的思考来对待自己目前正在从事的职业，用事业的态度来做好工作，在做好工作的同时也在开拓自己的事业。

职场中的人因为前途堪忧、待遇不公、工作不顺而生出了诸多的怨言和愤怒，也正是这些怨言和愤怒使得我们的职业生涯受到了许多的障碍，遭遇了许多的困难和挫折，使得我们一次次从头再来，一次次又失败而去，总是在低层次徘徊，长时间得不到突破和晋级。

从事业的眼光看待职业工作，就会少一些怨言和愤怒，多一些积极和努力、合作和忍耐；在一次次的超越过程中，我们不断拓宽了自己的视野，更能从中领悟一些道理，多了一些本领和技能。

◆ 自我负责的精神

有人说，假如你非常热爱工作，那你的生活就是天堂，假如你非常讨厌工作，你的生活就是地狱。因为你的生活当中，有大部分的时间是和工作联系在一起。不是工作需要人，而是任何一个人都需要工作。

一流企业的员工要具备什么样的心态？首要的观念就是做事是为自己做事，在做事的过程中要有极大的热忱，同时要专心、用心，更要认真，还要对结果负责，这就是人们常说的为自己的人生负责任。

丰田公司为了增进员工之间的交流，设立了各种形式的兴趣小组。员工可以根据自己的兴趣选择参加不同的团体聚会。通过参加这些聚会，既开展了社交活动，又有了互相谈论的机会，还能有利于培养员工健康的心态。

在IBM公司新员工培训时，很流行一句话：无论你进IBM时是什么颜色，经过培训，最后都变成了蓝色。人们戏说IBM员工培训是魔鬼训练营，这说明了IBM员工培训过程很艰辛，充满着很多考验，但是也对员工的心理素质做了很好的培训。

Cisco公司财务有这么一个自动程序，员工在报销时自己将报销单输入公司的电脑里，没有任何人监督，然后将报销的单据寄到公司的指定财务部，公司下次会自动将报销费给员工。整个过程，不需要员工的经理在报销单据上签字，因为公司认为自我负责是每个人对自己的一种起码尊重。

◆ 感恩的态度

我们常常为一个陌路人的点滴帮助而感激不尽，却无视朝夕相处的老板的种种恩惠。这种心态总是让我们把公司、同事对自己的付出视为理所当然，还时常牢骚满腹、抱怨不止，也就更谈不上恪守职责了。

感恩的心情基于一种深刻的认识：公司为你展示了一个广阔的发展空间，公司为你提供了施展才华的场所，你对公司为你所付出的一切，都要心存感激，并力图回报。感恩既是一种良好的心态，又是一种奉献精神，当你以一种感恩图报的心情工作时，你会工作得更愉快，你会工作得更出色。

一位成功的职业人士曾说："是一种感恩的心情改变了我的人生。当我清楚地意识到我无任何权利要求别人时，我对周围的点滴关怀都怀抱强烈的感恩之情。我竭力要回报他们，我竭力要让他们快乐。结果，我不仅工作得更加愉快，所获帮助也更多，工作更出色。我很快获得了公司加薪升职的机会。"

每一份工作或每一个工作环境都无法尽善尽美。但每一份工作中都存有许多宝贵的经验和资源，如失败的沮丧、自我成长的喜悦、温馨的工作伙伴、值得感谢的客户等等，这些都是工作成功必须学习的感受和必须具备的财富。如果你能每天怀抱着一颗感恩的心情去工作，在工作中始终牢记"拥有一份工作，就要懂得感恩"的道理，你一定会收获更多。

普通办事员郭敬民在谈到同事破例被派往国外公司考察时说："我和他虽然同样都是研究生毕业，但我们的待遇并不相同，他职高一级，薪金高出很多。庆幸的是，我没有因为待遇不如人就心生不满，仍是认真做事。当许多人抱着多做多错、少做少错、不做不错的心态时，我尽心尽力做好我手中的每一项工作。我甚至会积极主动地找事做，了解主管有什么需要协助的地方，事先帮主管做好准备。因为我在上班报到的前夕，父亲就告诫我三句话：'遇到一位好老板，要忠心为他工作；假设第一份工作就有很好的薪水，那你的运气很好，要感恩惜福；万一薪水不理想，就要懂得跟在老板身边学功夫。'"

"我将这三句话深深地记在心里，自己始终秉持这个原则做事。即使起初位居他人之下，我也没有计较。但一个人的努力，别人是会看在眼里的。在后来挑选出国考察学习人员时，我是惟一一个资历浅、级别低的办事员。这在公司里是极为少见的。”

所以，在职场中不管做任何事，都要把自己的心态回归到零：把自己放空，抱着学习的态度，将每一次都视为是一个新的开始，是一次新的经验，不要计较一时的待遇得失。一旦做好心理建设，拥有健康的心态之后，不论做任何事都能心甘情愿、全力以赴，当机会来临时才能及时把握住。千万不要觉得工作像鸡肋食之无味，弃之可惜，结果做得心不甘情不愿，心存怨愤。

带着一种从容坦然、喜悦的感恩心情工作吧，你会获得最大的成功。

选择合适的职业

→ 找出你喜爱的工作

一群社会学家在美国路易斯安那州组织了一个“小社会”，他们买下几百亩农地，开始为实现一个理想而工作。他们拟订了一套制度，让每个人去从事他最喜爱的工作，或是从事他拥有最佳装备的工作。他们拥有自己的牧场，自己的制砖工厂，自己的牛和家禽，还有一个印刷厂出版了一份报纸。

一位来自明尼苏达州的瑞典移民也加入了这个组织，根据他自己提出的请求，他被分配到印刷厂工作。没过多久他却抱怨并不喜欢这项工作，于是他被调到农场工作，负责驾驶一辆拖拉机。但他对这项工作只忍耐了两天，就觉得再也受不了了。于是他又申请调职，而被指派到牛奶厂工作。偏偏他和那些乳牛处不来。他就这样子一一尝试过每一样工作，但没有任何一样工作是他所喜欢的。正当他要退出这个组织之际，有人突然想到，有一项工作是他尚未尝试过的，就是在制砖工厂中的运砖工作。于是他得到一辆独轮手推车，负责把制好的砖头从窑里运到砖场上堆成堆，一个星期的时间过去了，并没有人听到他提出任何抱怨。有人问他是否喜欢这项工作，他很高兴地回答说：这正是我所喜欢的工作。

想想看，竟然有人会喜欢推送砖头的工作。不过，这项工作倒是很适合这个瑞典人的天性。他独自一个人工作，而且这个工作不需要任何思想，对他也没有任何责任上的束缚，这正是他所希望的。

他一直担任这项工作，直到所有的砖头都被运出摆好为止，然后，他就离开了这地方。

当一个人从事他所喜爱的工作时，他将发挥个人最大的效能，而且也将更为迅速、更为容易地获得成功。当爱的情感进入一个人所从事的工作时，工作质量将立即得到改观，效率将大为提高，而工作所引起的疲劳将相对地大量减少。

姜建兵是一位计算机工程师。听说，他自小就非常喜欢摆弄机器，曾把挂钟、半导体等家里带机器装置的东西一个一个地拆开，然后再把它们重新装好。他在大学里专攻电工学，毕业后就职于制造计算机的一家大工厂；在技术领域勤奋耕耘，稳步前进，遂得不断晋升。这正是一个从事自己喜爱的工作，最终取得成功的绝好事例。现在，姜建兵已经担任公司管理职务，需经常与人打交道，所花的时间要比用在计算机上的多。即便如此，他还说："只要我看到计算程序图像，就觉得时间飞似的过去了，常常连饭都忘了吃。"那些只用各种符号、线条画成的图像，在门外汉来看犹如天书一般，但在他的眼里，却似乎能使他十分兴奋，以致心情难以平静。据他说，有时从这些图像中还可以听到音乐的声音。

其实，姜建兵尽管如此勤奋，但似乎在工作上也并非事事都称心如意。听说，仅就走在时代前列的科学技术领域而言，公司间围绕技术革新所展开的竞争是异常剧烈的。只要竞争对手一公布新产品，他便要立即对此作出分析和研究，有时甚至连续好几天通宵达旦地工作。这对身体来讲是相当劳累的，但在摆脱困境后的那种精神上的充实感，却是其他任何东西所无法替代的。他说："连自己也这样想，归根到底还是自己太喜欢这项工作的缘故吧。"一谈到工作，姜建兵总像个快乐的小孩一样，眼睛闪耀着光芒。他感到在工作中，自己的才华得到充分的发挥，而且通过工作对公司和社会的发展作出了贡献。

当然，像姜建兵这样的事例毕竟是少数。现实情况却是：大多数人对自己所从事的工作，虽非厌恶，但也并不特别喜爱。

【自测自评】职业称职度测评

您考虑过自己是否符合目前工作的岗位要求吗？许多人可能不曾想过这个问题，你现在可以借助下面这个问卷，来了解一下您的职业称职程度，您只要回答"是"或"否"就可以了。

1. 您与同事和睦友好吗？

是的

不是的

2. 您钦佩您的领导的品行吗？

是的

不是的

3. 您认为您得到的报酬与所做工作是否相称？

是的

不是的

4. 您认为最近您有增加工资的可能吗？

是的

不是的

5. 您认为您日后能晋升到您现在的上司位置上吗？

是的

不是的

6. 您会在工作中想办法减少工作量而得到同样结果吗？

是的

不是的

7. 您的领导会欣然接受您的建议吗？

是的

不是的

8. 您在领导生病时会代理其职务吗？

是的

不是的

9. 您的同事会在您忙不过来时帮您的忙吗？

是的

不是的

10. 您的下属或同事对您尊敬吗？

是的

不是的

11. 您的下属或同事对您的命令会乐意去执行吗？

是的

不是的

12. 您的上级曾同您一起商量过工作计划吗?

是的

不是的

13. 您想得到一个领导职位吗?

是的

不是的

14. 您有业余爱好吗?

是的

不是的

15. 您觉得您的才干在日渐荒废吗?

是的

不是的

16. 您曾被任何一种特别的工作吸引过吗?

是的

不是的

17. 您在结束工作时会觉得精疲力竭吗?

是的

不是的

18. 您的领导曾经私下里对你表示过赞赏吗?

是的

不是的

19. 您喜欢您的家里人对您的工作发生兴趣吗?

是的

不是的

20. 您与家里人在一起时会忘掉所有工作吗?

是的

不是的

21. 您有以后的工作计划吗?

是的

不是的

22. 您现在的工作是否符合您从前的计划？

是的

不是的

回答“是的”记 2 分，选择“不是的”记 0 分；15、16、17、20 题回答“是”记 0 分，选择“不是的”记 2 分。

你的分数为 2—10 分，表明您的工作基本不适合您，您也不太称职，工作多少有点使您觉得索然无味，你也没有多少工作激情。

你的分数为 12—22 分，表明现在的职业和工作基本适合你，你的表现也比较称职，只要继续努力，您会获得较大的成就。

你的分数为 24—34 分，表明现在的职业和工作很适合你，你表现得很称职，你在工作中很有热情，而且可能已经小有所成了。

你的分数为 34 分以上，表明您现在从事的是理想的职业和工作，在这个岗位上，你游刃有余，创造力和激情都很高涨。

→ 性格与职业

美国心理学家和职业指导专家霍兰德经过十几年的跨国研究，提出了职业人格理论。他认为人的性格大致可以划分为六种类型，这六种类型分别与六类职业相对应，如果一个人具有某一种性格类型，便易于对这一类职业发生兴趣，从而也适合于从事这种职业。这六种性格分别是：

◆ 现实型

现实型的人喜欢有规则的具体劳动和需要基本技能的工作。这类职业一般是指熟练的手工业行业和技术工作，通常要运用手工工具或机器进行劳动。这类人往往缺乏社交能力。现实型的人适于做工匠、农民、技师、工程师、机械师、鱼类和野生动物专家、车工、钳工、电工、报务员、火车司机、机械制图员、电器师、机器修理工、长途公共汽车司机。

◆ **研究型**

研究型的人喜欢智力的、抽象的、分析的、推理的、独立的任务。这类职业主要指科学研究和实验方面的工作。这类人往往缺乏领导能力。

◆ **艺术型**

艺术型的人喜欢通过艺术作品来达到自我表现，爱想象，感情丰富，不顺从，有创造性，能反省。艺术型的人缺乏办事员的能力，适于做室内装饰专家、摄影家、作家、音乐教师、演员、记者、作曲家、诗人、编剧、雕刻家、漫画家。

◆ **社会型**

社会型的人喜欢社会交往，常出席社交场所，关心社会问题，愿为别人服务，对教育活动感兴趣。这类人往往缺乏机械能力。社会型的人适于做导游、福利机构工作者、社会学者、咨询人员、社会工作者、学校教师、精神卫生工作者、公共保健护士。

◆ **企业型**

企业型的人性格外向，爱冒险活动，喜欢担任领导角色，具有支配、劝说和言语技能。这类人往往缺乏科学研究能力。企业型的人适于做推销员、商品批发员、进货员、福利机构工作者、旅馆经理、广告宣传员、律师、政治家、零售商等。

◆ **常规型**

传统型的人喜欢系统的有条理的工作任务，具有实际、自控、友善、保守的特点。这类人往往缺乏艺术能力。传统型的人适于做记账员、银行出纳、成本估算员、核对员、打字员、办公室职员、统计员、计算机操作员、秘书、法庭速记员等。

【自测自评】职业倾向测评

Ⅰ. 社交与经营取向

本测评通过测试你在经营和社交两个类型取向的职业兴趣，帮助你选择更适合自己的职业。每一个题目都给出一种活动或技能、职业，请你根据自身的实际情况选择。单号题测试你的经营取向，双号题测试你的社交取向。积分从 A—E 分别积 1—5 分。

1. 策划企业活动。

A 非常不喜欢 B 稍有不喜欢 C 无所谓 D 稍有喜欢 E 非常喜欢

2. 参加联谊活动。

A 非常不喜欢 B 稍有不喜欢 C 无所谓 D 稍有喜欢 E 非常喜欢

3. 领导促销活动。

A 非常不喜欢 B 稍有不喜欢 C 无所谓 D 稍有喜欢 E 非常喜欢

4. 调节邻里纠纷。

A 非常不喜欢 B 稍有不喜欢 C 无所谓 D 稍有喜欢 E 非常喜欢

5. 销售经理。

A 非常不喜欢　B 稍有不喜欢　C 无所谓　D 稍有喜欢　E 非常喜欢

6. 为公益事业做义务宣传。

A 非常不喜欢　B 稍有不喜欢　C 无所谓　D 稍有喜欢　E 非常喜欢

7. 企业经营顾问。

A 非常不喜欢　B 稍有不喜欢　C 无所谓　D 稍有喜欢　E 非常喜欢

8. 当教师。

A 非常不喜欢　B 稍有不喜欢　C 无所谓　D 稍有喜欢　E 非常喜欢

9. 投资商。

A 非常不喜欢　B 稍有不喜欢　C 无所谓　D 稍有喜欢　E 非常喜欢

10. 做职业咨询顾问。

A 非常不喜欢　B 稍有不喜欢　C 无所谓　D 稍有喜欢　E 非常喜欢

11. 市场行情策划。

A 非常不喜欢　B 稍有不喜欢　C 无所谓　D 稍有喜欢　E 非常喜欢

12. 安慰别人。

A 非常不喜欢　B 稍有不喜欢　C 无所谓　D 稍有喜欢　E 非常喜欢

评价

分数为12—24分，为较低水平；25—36分，为一般水平；37—48分，为较高水平；49—60分，很高水平。

分数越高，表明你越喜欢该类型的工作。

经营取向的个体喜欢诸如推销、服务、管理类型的工作。这种取向类型的人往往具有领导才能和口才，对金钱和权力感兴趣，喜欢影响控制别人。这种人喜欢同人和观念而不是与事务打交道。他们热爱交际、冒险、精力充沛、乐观、和蔼、细心、抱负心强。

社交取向的个体喜欢社会交往性工作，如教师、咨询顾问、护士等。这类人通常喜欢周围有别人存在，对别人的事很有兴趣，乐于帮助别人解决难题。这种人喜欢与人而不是与事务打交道。他们助人为乐、有责任心、热情、善于合作、富于理想、友好、善良、慷慨、耐心。

Ⅱ. 艺术和研究取向

本测评通过测试你在艺术和研究两个类型取向的职业兴趣，帮助你选择更适合自己的职业。每一个题目都给出一种活动或技能、职业，请你根据自身的实际情况选择。单号题测试艺术取向，双号题测试研究取向。积分同上。

1. 演奏乐器。

A 非常不喜欢　B 稍有不喜欢　C 无所谓　D 稍有喜欢　E 非常喜欢

2. 了解鸟类迁徙规律。

A 非常不喜欢　B 稍有不喜欢　C 无所谓　D 稍有喜欢　E 非常喜欢

3. 设计服装。

A 非常不喜欢　B 稍有不喜欢　C 无所谓　D 稍有喜欢　E 非常喜欢

4. 研究天空的星系。

A 非常不喜欢　B 稍有不喜欢　C 无所谓　D 稍有喜欢　E 非常喜欢

5. 创作诗歌。

A 非常不喜欢　B 稍有不喜欢　C 无所谓　D 稍有喜欢　E 非常喜欢

6. 植物专家。

A 非常不喜欢　B 稍有不喜欢　C 无所谓　D 稍有喜欢　E 非常喜欢

7. 作家。

A 非常不喜欢　B 稍有不喜欢　C 无所谓　D 稍有喜欢　E 非常喜欢

8. 地理学家。

A 非常不喜欢　B 稍有不喜欢　C 无所谓　D 稍有喜欢　E 非常喜欢

9. 画家。

A 非常不喜欢　B 稍有不喜欢　C 无所谓　D 稍有喜欢　E 非常喜欢

10. 探讨骨髓的功能。

A 非常不喜欢　B 稍有不喜欢　C 无所谓　D 稍有喜欢　E 非常喜欢

11. 歌唱表演。

A 非常不喜欢　B 稍有不喜欢　C 无所谓　D 稍有喜欢　E 非常喜欢

12. 探讨人类的起源。

A 非常不喜欢　B 稍有不喜欢　C 无所谓　D 稍有喜欢　E 非常喜欢

分数为12—24分，为较低水平；25—36分，为一般水平；37—48分，为较高水平；49—60分，很高水平。

分数越高，表明你越喜欢该类型的工作。

艺术取向的个体喜欢艺术性工作。这种取向类型的人往往具有某些艺术技能，喜欢创造性的工作，富于想像力。这类人通常喜欢同观念而不是事务打交道。他们较开放、好想象、独立、有创造性。如果他们没有成为艺术家，仍然能够选择那些能发挥其特长的工作。

研究取向的个体喜欢各种研究性工作。这类人通常具有较高的数学和科学研究能力，喜欢独立工作，喜欢解决问题，喜欢同观念而不是同人或事务打交道。他们逻辑性强、好奇、聪明、仔细、独立、安详、俭朴。

Ⅲ. 现实与常规取向

本测评通过测试你在现实和常规两个类型取向的职业性格，帮助你选择更适合自己的职业。每一个题目都给出一种活动或技能、职业，请你根据自身的实际情况选择。单号题测试现实取向，双号题测试常规取向。积分同上。

1. 你曾经将钢笔全部拆散加以清洗并能独立地将它装配起来。

A 非常不符合　B 稍有不符合　C 不确定　D 稍有符合　E 非常符合

2. 你能够用一两个小时坐下来抄写一份你不感兴趣的材料。

A 非常不符合　B 稍有不符合　C 不确定　D 稍有符合　E 非常符合

3. 你上学时喜欢做实验。

A 非常不符合　B 稍有不符合　C 不确定　D 稍有符合　E 非常符合

4. 无论填报什么表格，你都非常认真。

A 非常不符合　B 稍有不符合　C 不确定　D 稍有符合　E 非常符合

5. 你常常偷偷地去摸弄不让你摸弄的机器或机械。

A 非常不符合 B 稍有不符合 C 不确定 D 稍有符合 E 非常符合

6. 你常常觉得在你周围有不少人比你更有才能。

A 非常不符合 B 稍有不符合 C 不确定 D 稍有符合 E 非常符合

7. 你会用积木搭出许多造型，或小时候常拼七巧板。

A 非常不符合 B 稍有不符合 C 不确定 D 稍有符合 E 非常符合

8. 你能按领导的要求尽自己的能力做好每一件事。

A 非常不符合 B 稍有不符合 C 不确定 D 稍有符合 E 非常符合

9. 当你家里有些东西需要小修小补时，常常是由你做的。

A 非常不符合 B 稍有不符合 C 不确定 D 稍有符合 E 非常符合

10. 在讨论会上，如果不少人已经讲的观点与你的不同，你就不发表自己的观点了。

A 非常不符合 B 稍有不符合 C 不确定 D 稍有符合 E 非常符合

11. 看到老师傅在做活，你能很快地、准确地模仿。

A 非常不符合 B 稍有不符合 C 不确定 D 稍有符合 E 非常符合

12. 你喜欢重复别人已经做过的事情而不符合做那些要自己动脑筋摸索着干的事。

A 非常不符合 B 稍有不符合 C 不确定 D 稍有符合 E 非常符合

分数为 12—24 分，为较低水平；25—36 分，为一般水平；37—48 分，为较高水平；49—60 分，很高水平。

分数越高，表明你越喜欢该类型的工作。

现实型的人不重视社交，而重视物质的、实际的利益。他们遵守规则，喜欢安定，感情不丰富，缺乏洞察力。在职业选择上，他们希望从事有明确要求、需要一定的技能技巧、能按一定程序进行操作的工作，如机械、电工技术等。

常规型的人易顺从，能自我抑制，想像力较差，喜欢稳定、有秩序的环境。在职业选择上，他们愿意从事那些需要按照既定要求工作的、比较简单而又比较刻板的职业。如办公室事务员、仓库管理员、非技术操作工等。

第二章

责任、忠诚、敬业

——“三位一体”的工作精神

公司兴亡，我的责任

→ 工作需要点精神

在生活中，人们往往把责任心放在第一位，因为责任关乎安全感。许多女人在被问到她未来的对象应该具备什么样的条件时，她们几乎不约而同地把责任心列在首位。

一个公司，只有每个人都意识到“公司兴亡，我的责任”，这样的公司才能在日益激烈的市场搏杀中立于不败之地。微软公司之所以能称霸全球、始终处于领先地位并不是只靠一个天才的比尔·盖茨外加一个史蒂夫·鲍尔默；微软的成功与每一位职员都拥有“惟我独尊”的责任心是分不开的。微软的每一位职员都以“让人人用上最优秀的软件”为己任，并且深信只有微软才能肩负起这个崇高的使命。更为重要的是，他们每个人都懂得，要完成这项使命，只有人人在各自的工作岗位上尽到责任，微软才能不断向世人推出一流的软件。

如果公司的每个员工都能主动分担责任，天下哪有不兴盛的公司？公司是一个联系紧密的有机生命体，如同人体需要全身的每一个器官正常运转一样，公司也需要每个职员都把责任固定在自己身上，而不是遇到麻烦就一推了之。

那么，责任是什么呢？不同的人或许会有不同的回答，就像一千个观众眼中就有一千个哈姆雷特一样，但责任的本质却是一样的。责任是对人生义务的勇敢担当；责任也是对生活的积极接受；责任还是对自己所负使命的忠诚和信守。一个充满责任感的人，一个勇于承担责任的人，会因为这份承担而让生命更有力量。

每一个人在生活中都扮演不同的角色，一个角色就是一块责任地，从某种意义上说，角色饰演的是否成功就取决于你对职责的履行程度。社会是一个有着千丝万缕联系的复杂系统，无论你担任何种职务，从事什么工作，你对他人都负有不可推卸的责任，这是社会法则，是道德法则，是心灵法则。正视责任，让我们在困难时能够坚持，让我们在成功时保持冷静，让我们在绝望时绝不放弃。因为我们的努力和坚持不仅仅是为了自己，还是为了别人。

社会学家戴维斯说：“自己放弃了对社会的责任，就意味着放弃了自身在这个社会中更好生存的机会。”放弃承担责任，或者蔑视自身的责任，这就等于在可以自由通行的路上自设路障，摔跤绊倒的也只能是自己。

我们从小就被告知，既要坚守自己的职责也要勇于承担自己的责任，因为在这个社会中，我们必须坚守责任。因为坚守责任就是坚守我们自己最根本的人生义务。

→ 下士和中士的故事

一个漆黑的大雪天，约翰·格林中士正匆匆忙忙地往家赶。当他经过公园的时候，一个人拦住了他。“对不起，打扰了先生，您是位军人吗?”看起来，他很焦急。约翰不知道发生了什么：“噢，当然，我能够为您做些什么吗?”

“是这样的，刚才我经过公园的时候，看到一个孩子在哭，我问他为什么不回家，他说，他是士兵，他在站岗，没有命令他不能离开这里。原来他们是在玩一种游戏，可谁知道和他一起玩的那些孩子都跑到哪里去了，大概都回家了。天已经很黑了，雪下得这么大。”他忧虑说：“我对他说，你也回家吧，你的伙伴都已经走了。他说不，他必须得到命令才能离开，站岗是他的责任。我怎么劝他回去，他也不听，只好请先生帮忙了。”

约翰和这个人一起来到公园，在那个不显眼的地方，有一个小男孩儿在那里哭，但却一动不动的。约翰走过去，敬了一个军礼，然后说：

“下士先生，我是中士约翰·格林，你为什么站在这里?”

“报告中士先生，我在站岗。”小孩儿停止了哭泣，回答说。

“天这么黑，雪这么大，为什么不回家?”约翰问。

“报告中士先生，这是我的责任，我不能离开这里，因为我还没有得到命令。”小孩儿回答。

“那好，我是中士，我命令你回家，立刻。”约翰的心又为之震了一下。

“是，中士先生。”小孩儿高兴地说，然后还向约翰敬了一个不太标准的军礼，撒腿就跑了。

约翰和这位陌生人对视了很久。最后，约翰说：“他值得我们学习。”

小男孩儿的倔犟和坚持看起来似乎有些幼稚，但在这个孩子身上体现的对于责任的这种坚守是很多成年人无法做到的，我们不仅对自己负有责任，我们还对别人负有责任。正是责任把所有的人联结在一起，任何一个人对责任的懈怠都会导致整个社会链的断裂。

我们生活的这个世界犹如一台巨型机器，每一个人都是机器上的一个齿轮，任何一个齿轮的松动都会引起其他齿轮的非正常运转，进而影响到整台机器。社会如此，对于社会的一个单元——企业，亦是如此。

亲爱的员工，你是否曾经趁老板不注意时偷偷地开小差，或者煲与工作无关的电话粥，就像当年上课时趁老师不注意偷偷地摆弄新买的铅笔刀？是否将本来属于自己的工作推托给其他的同事，就像“大个子吉姆”从来都认为别人比自己干得少？抑或当老板布置一项任务时，你不停地提出这项任务有多艰巨，暗示老板是否在你做成之后给你加薪或者你做不成也情有可原，因为这的确不是一项容易的工作？

这样的人不多但也不是少数，要不然有问题的企业为什么还那么多，顾客的满意率为什么还那么低？每一个老板都清楚他自己最需要什么样的员工，因为一个员工有时就代表一个公司的整体。所以，亲爱的员工，不要以为自己只是一名普通的员工，其实你能否担当起你的责任，对整个企业而言，同样有很大的意义。

对一名公司的职员来说，责任是什么？责任就是对自己所负使命的忠诚和信守，责任就是对自己工作出色的完成，责任就是忘我的坚守，责任就是人性的升华。总之，责任就是做好公司赋予你的任何有意义的事情。

→ 别在工作上被人看不起

不管是在哪个行业，有些人总是受人敬重，有些人就是被人看不起。那些被人看不起的人也许有少数人日后会出人意料地有所发展，但绝大多数人还是难以摆脱沦落为弱势群体的命运。

当你走上社会之后，工作就是你一生的重要责任，你要靠工作来养家糊口，要在工作中发挥才能实现自我。当你走上工作岗位之后，一定要记住：别在工作上被人看不起！

为什么有些人会被人看不起呢？在工作中被人瞧不起主要有以下几种原因：

——自己本身能力不佳

只能做一些无关紧要的事，但也没差到必须让人开除的地步。因此，老板和同事感到此人可有可无，当然不可能重用此人了。或者在工作中总是出错，或者犯的错误太大，让公司遭受的损失太重，这样就会让老板和同事对他失去信心，他们害怕冒太大的风险，所以只好暂时把你搁置一边！

——不重视自己的工作

这种人不把工作当一回事，不但表现不积极，犯了错误也满不在乎，总是一副玩世不恭的态度：此处不留人，自有留人处。这种人常把“这工作有什么了不起?”、“这职位有什么了不起?”挂在嘴边，一副怀才不遇的样子。他看轻自己的工作和职务，也必然让他人鄙视。

——混水摸鱼

这种人爱耍小聪明，看起来工作很认真，其实不过是在做样子；他躲避承担责任，却能随时捞一把好处。他往往能言善辩，人缘似乎也不错，但实际上别人早在心里看不起他！老板对于他们员工的品格，多半知道得很详细，他明白哪几个人是惯于寻找偷懒的机会，哪几个人只是在他面前干得特别起劲，一等他走开之后就丢开什么不做了。而一个最让老板信任的部属，无论有没有偷懒的机会或老板在不在面前，他总是能认真地工作，毫不懈怠、忠于职守。

也许你会说，被人看轻就被看轻吧，仍然高昂着不可一世的头颅——走自己的路，让别人去说吧。其实被人看轻的主要不在于别人，而是你自己。如果你因不敬业而被人看轻，这些评语会到处传播，这对你相当不利，事态若太严重，你甚至连新的工作都会找不到，因为同行也知道你不敬业，在一个单位，谁敢用一个不敬业之人呢？如果你不敬业，就算人们不去四处散播，那对你也没有好处。因为你无法从工作中汲取更多的经验，而一旦养成了一种不敬业的习惯，你一辈子就别想出头了！

工作上被人看不起与自己的工作能力没有太大的关系，如果你能力一般但拼劲很足，做事兢兢业业，人们也还是会尊敬你。但人们不会尊敬一个能力很强，但责任意识淡漠的人。如果你的工作能力平平又不敬业，那别人肯定会看不起你，老板已经在准备让你卷铺盖走人了！

【自测自评】员工自我鉴定表

姓　　名________　　部　　门________　　职　　位________

进入公司日期________　　学　　历________　　出生日期________

现任主要工作________

项　目	
目前工作	你认为目前担任的工作对你是否合适？工作量是否恰当？在你执行工作时，你曾感到什么困难？
工作希望	你认为你比较适合哪些方面的工作？你不适合哪些方面的工作？其中最适合你的工作是什么？你对你现在的工作有什么希望？
薪资及职位	你认为你的工作报酬是否合理？职位是否合理？职称是否合理？理由何在？你的希望？
教育训练	这些年你是否参加过公司内部或外部举办的训练？曾参加什么训练？你希望接受什么项目的训练？你对本企业训练的意见如何？
工作分配	你认为你的部门当中工作分配是否合理？什么地方亟待改进？
工作目标	你的工作目标是什么？这个目标你已做到了什么程度？
贡　献	认为本年度对公司有较大贡献的工作是什么？你做到了什么程度？
工作构想	在你担任的工作中，你有什么更好的构想？请具体说明。

【习惯训练】责任心训练

◆ 勇于承担责任

规则：学员相隔一臂站成几排（视人数而定），喊一时，向右转；喊二时，向左转；喊三时，向后转；喊四时，向前跨一步；喊五时，不动。

当有人做错时，做错的人要走出队列、站到大家面前先鞠一躬，举起右手高声说：“对不起，我错了！”做几个回合后，提问：这个游戏说明什么问题?

面对错误时，大多数情况是没人承认自己犯了错误；少数情况是有人认为自己错了，但没有勇气承认，因为很难克服心理障碍；极少数情况有人站出来承认自己错了。

在日常工作中也有很多这样的现象，在深圳有一家香港公司的办事处，有一位主管和一位职员。办事处刚成立时需要申报税项，由于当时很多这样性质的办事处都没申报，再加上这家办事处没有营业收入，所以这家办事处也没申报。两年后，在税务检查中，税务局发现这家办事处没有纳过税，于是做出了罚款决定，数额有几万。这家办事处的香港老板知道这件事后，就单独问这位主管：“现在发生这样的事情，你当时怎么想的?”这位主管说：“当时我想到了税务申报，但职员说很多公司都不申报，我们也不用申报了，考虑到可以给公司省些钱，我也就没再考虑，并且这些事情都是由职员一手操办的。”老板又找到这位职员，问了同样的问题。这位职员说：“从为公司省钱的角度，再加上我们没有营业收入和其他公司也没申报，我把这种情况同主管说了，最终申不申报还应由主管做决定，他没跟我说，我也就没报。”

◆ 将负责任当作你的生活态度

一位曾多次受到公司嘉奖的员工说：“我因为责任感而多次受到公司的

表扬和奖励，其实我觉得自己真的没做什么，我很感谢公司对我的鼓励，其实担当责任或者愿意负责并不是一件困难的事，如果你把它当做一种生活态度的话。”

其实，每个人在学校教育中，都接受过关于责任感的训练，比如完成老师布置的作业。注意生活中的细节有助于你养成负责、信守诺言的好习惯。习惯成自然，当责任感成为你的一种习惯时，做事认真负责也就慢慢融入你的生活态度，而不是被人监督着才刻意去做。当一个人自然而然地做一件事情时，他是不会觉得麻烦和累的。当你意识到责任在召唤你的时候，你就会随时为责任而放弃别的什么东西，而且不会觉得这种放弃对你来讲很不容易。

比如对于承诺的信守，这就是你的责任。一旦你应下了上司交付的任务，你就是向他做出了承诺，需要你竭尽全力去实践诺言，把事情及时保质完成。上司会因你的承诺守信而赞赏你，对你来说，这是符合你的价值观的做法，你会因此而肯定自己，肯定你的生活态度。

比如守时也是一个人最基本的责任。守时总是关系着他人的，如果你不守时，那你就等于在浪费别人的生命。在我们的生活中，总会遇到一些不守时的人，他们自己对此不以为然，这也是他们的生活态度。

所以说，负责任是一种生活态度，不负责任也是一种生活态度。

作为企业的一名员工，有责任遵守公司的一切规定。当你违背了公司的规定但却没有足够的理由，形式上的惩罚并不能掩盖你对自身责任的漠视。

遵守公司的规定是每一个员工必须遵守的责任。当你上班迟到了五分钟，公司扣掉了你当月的奖金，你是不是很可能会对公司的处理感到愤愤不平。“不就迟到五分钟吗？有什么了不起的，也不会有多大影响。”可是，你反省过没有，如果公司的每个人都迟到五分钟，那会怎么样？你违背了公司的规定，公司如果没有对你进行处罚，那么对别人呢？公司的规定岂不是形同虚设？一个没有制度规范的公司，根本不会有什么前途。

当你已经习惯了别人替你承担责任，那么你将永远亏欠别人，你的腰板就永远也不会挺直。所以，把责任作为一种生活态度是最好的。这样既不会觉得责任会给自己带来压力，也不会因为自己承担责任而觉得别人欠了你什么。

尤其是当责任由生活态度成为工作态度时，工作对于你来说，其意义就不仅仅是赚钱那么简单了，也就不会因为公司的规定而觉得自己的自由受到了羁绊，更不会做出违背公司利益的事。

◆ 公司兴亡，我的责任

1964 年 3 月，在纽约的克尤公园发生了一起震惊全美的谋杀案。在凌晨 3 点的时候，一位年轻的酒吧女经理被一个杀人狂杀死。作案时间长达半个小时，附近住户中有 38 人看到或听到女经理被刺的情况和反复的呼救声，但没有一个人出来救援，也没有一个人及时给警察打电话。

事后，美国大小媒体同声谴责纽约人的异化与冷漠。

然而，两位年轻的心理学家——巴利与拉塔内并没有认同这些说法。对于旁观者们的无动于衷，他们认为还有更好的解释。为了证明自己的假设，他们专门为此进行了一项试验。

他们寻找了 72 名不知真相的参与者与一名假扮的癫痫病患者参加试验，让他们以一对一或四对一两种方式，保持远距离联系，相互间只使用对讲机通话。事后的统计数据出现了很有意思的一幕：在交谈过程中，当假病人大呼救命时，在一对一通话的那组，有 85％的人冲出工作间去报告有人发病；而在四个人同时听到假病人呼救的那组，只有 31％的人采取了行动！

这个试验，从社会心理学角度令人信服地解释了克尤公园现象。两位心理学家把它叫做“旁观者介入紧急事态的社会抑制”，通俗地说，就是“旁观者效应”。他们认为：在出现紧急情况时，正是因为有其他的目击者在场，才使得每一位旁观者都无动于衷，旁观者可能更多的是在看其他观察者的反应。

“旁观者效应”的实质是个人责任心的模糊，在企业里，它的危害也不容小视。有的员工认为，公司这么大，其兴旺、衰败都不是自己能控制的，于是，他们就对力所能及范围内的事务熟视无睹了。看到有人私自拿走公司的物品，他们装作什么也没发生；遇到顾客上门投诉，他们为图省事，一句“这不是我的责任”应付过去。

一句“这不是我的责任”让你躲过一次麻烦，也让你失去一次改善自己品质的机会，在责任与推脱的较量中又败下阵来。相反，优秀员工的行动准则是：公司兴亡，我的责任。

有人将公司比喻成一条船，这实在是一个再好不过的比喻了。纽约最著名的纺织品公司费特曼公司就将自己的企业比作一条冰海里的船。在这个公司，无论是办公室、会议室，还是生产车间的墙壁上，到处都可以看到这样一幅招贴画，画上面就是一条即将撞上冰山的轮船，在画面下面写着一行十分醒目的字：“只有你，才能挽救这条船。”这个公司多年来都经营得特别好，员工待遇也相当高，是什么原因？就是因为这个公司所有的员工一直以来都与公司共命运。他们都知道，掌握公司命运的不仅仅是董事长，不仅仅是董事会成员，也包括他们自己。

在费特曼公司，如果公司哪个办公室很脏，经理问：“怎么回事？”假如有个员工站起来说：“报告，今天杰克值日，他没有打扫卫生。”那么，这个员工是要被立即解雇的。在费特曼公司，员工会这样说：“对不起，经理，这是我的责任。”然后马上去打扫。灯泡坏了，哪个员工看见了，自己就会掏钱去买一个安上；窗户玻璃坏了，员工自己马上买一块换上它。

每个人都要努力训练自己“公司兴亡，我的责任”这样的思想。任何一个公司，不可能每件事情都只由规定的人员来做，一旦发生什么意外情况，应该每个人都能够负起责任来。

每个人不仅要做好本职工作，更应该努力多做一点，只要是有益于公司的，就应该全力以赴地去做。因为，只要是有益于公司的事情，就会是有益于自己的事情。

你应知道何时挺身而出，不畏惧工作的艰辛，揽下更多的责任，以减轻主管和组织的负担。例如，当你递交报告时，不要对主管说：“这个问题需要……解决。”而是去搜集具体的建议供主管参考。当然，在揽下更多的责任时，你必须认识自己，了解自己的优点和缺点，扬长避短，发挥自己的长处去辅佐主管。

千万放弃“做一天和尚撞一天钟”，“拿多少钱，做多少事”的想法。拿薪金来说，你拿一千块的钱，做了一千块的事。反过来，我们做了一千块的事，只能拿一千块的钱，因为，老板找不到给你加薪的理由。若拿一千块的钱，做了一万块的事，那么加薪是自然的事。小付出，小回报；大付出，大回报。

◆ 责任拒绝借口

“没有任何借口”是西点军校奉行的最重要的行为准则，它强化的是每一位学员想尽办法去完成任何一项任务，而不是为没有完成任务去寻找任何借口，哪怕看似合理的借口。其目的是为了让学员学会适应压力，培养他们不达目的不罢休的毅力。它让每一个学员懂得：工作中是没有任何借口的，失败是没有任何借口的，人生也没有任何借口。

然而，悲哀的是，在生活和工作中，我们经常会听到这样或那样的借口。借口萦绕在我们的耳畔，向我们诉说着形形色色的理由，它们听起来好像是冠冕堂皇的“理智的声音”。上班迟到了，会有“堵车”、“家里孩子生病了”等等借口；业务拓展不开，会有“制度不行”、“营销方案不好”等借口。总之，事情做砸了有借口，任务没完成也有借口。只要有心去找，借口无处不在，正所谓“借口需要理由吗?”

借口其实就是一面敷衍别人、原谅自己的“挡箭牌”，就是一副掩饰弱点、推卸责任的“万能器”。有多少聪明人把宝贵的时间和精力放在了如何寻找一个合适的借口上，而忘记了自己的职责和责任啊!

千万别找借口，因为借口对你成功所必备的责任心有着太大的腐蚀作用。公司缺少的正是那种想尽办法去完成任务，而不是去寻找任何借口的人。在他们身上，体现出一种服从、诚实的态度，一种负责、敬业的精神，一种完美的执行能力。

在工作中，你是不是经常听到各种各样的借口：

“那个客户太挑剔了，根本就没法和他做生意。”

“我可以早到的，如果不是路上堵车。”

“我没有按时把事做完，是因为……”

“时间太紧啊。”

“现在是休息时间，半小时后你再来电话。”

“这不是我的职责。”

其实，借口虽不一样，却都隐藏着同样的潜台词——我没有勇气承担责任。

检查一下，你是否在工作中“炮制”出以下几个版本的借口。

“我没有参与他们的决策，所以这个不应当是我的责任。”

借口总是将“不”、“不是”、“没有”等否定性的词和“我”联系在一起，其含义就是“这事与我无关”，把本应自己承担的责任推卸给别人。一个团队中，是不应该有“我”与“别人”的区别的。如果人人都寻找借口，无形中会提高沟通成本，削弱团队协调作战的能力。

“这几天我很忙啊，我会尽快做的。”

找借口的人往往养成了拖延的坏习惯。每个公司里都存在着这样的员工：他们看起来忙忙碌碌，一副尽职尽责的样子，实际上，他们是把本应一个小时完成的工作“分解”为需要半天甚至更多的时间。工作对于他们而言，只是一个接一个的任务，所以他们寻找各种各样的借口，拖延逃避，以便节省“宝贵的精力”。

“我们以前可不是这么做的呀，这不是我们这里的做事方式。”

寻找借口的人多半也是因循守旧的人，他们不愿创新和自动自发地工作，因此，期望他们在工作中做出创造性的成绩是徒劳的。他们只会躺在以前的经验、规则和思维惯性上舒服地打盹。

“我们怎么可能跟人家比呢？人家人力、物力都超出我们一大截呢。”

在面临竞争时，这自然是最“合理”的托词啦。一个不思进取的人面对压力可不就是这样寻找借口，这样表白的吗？习惯性地寻找借口将给人带来的严重危害，它会使人变得消极颓废。一旦你养成了寻找借口的习惯，每当遇到困难和挫折时，你不是积极地去想办法解决，而是径直去发明各种各样的借口。“我不行”、“我不可能”，这种消极心态剥夺了个人成功的机会，最终让人一事无成。

优秀的员工决不会在工作中依赖任何借口，他们总是尽心尽力地把工作做到超出客户的预期，最大限度地满足客户的要求；他们总是想方设法完成上级安排的任务，替上级排忧解难；他们总是乐于配合同事的工作，对同事提出的帮助要求，从不闪烁其辞。

与公司共命运

→ 比金子更宝贵的是忠诚

孔子开创的儒家思想十分强调一个“忠”字，“忠”的本义被圣人定义为“己所欲，施于人”，也就是说，“忠”标志的是人与人交往最基本的诚信。现代商业社会里，“忠”表现为公司生意来往上的诚信，表现为员工对企业利益的忠心。忠诚是构成企业良性发展的重要因素，一个企业只有精诚团结，企业与员工努力共进，才会有好的发展。换句话说，只有企业发展好了，员工才会有更好的工作环境和发展空间，两者是相辅相成，相互促进的。如果一个企业的员工缺乏忠诚度，人心涣散，犹如一盘散沙，没有凝聚力和向心力，这样的企业不可能得到长远发展，这样的员工也当然不可能获得良好的前途。

在一个求新、求变的时代里，“忠诚”，也许这是一个不合时宜的词。当整个世界都在谈论着“变化、创新、实惠”时，提倡“忠诚、敬业、服从、信用”之类的话题似乎显得陈旧落后。然而，社会要获得健康发展，我们就无法回避人与人之间最基本的契约——忠诚难道真是老板愚弄员工的工具吗？忠诚在任何国家、任何时代都是必要的。忠诚敬业并不仅仅有益于公司和老板，最大的受益者应是员工自己。一种职业的责任感和对事业高度的忠诚感一旦养成，会让你成为一个值得信赖的人，可以被委以重任的人。这种人永远会被老板所看重，永远不会失业。世界需要这种人，需要这种能够把信送给加西亚的人。

在职场上，工作技能和经验是金子，比金子还珍贵的则是忠诚。有人做过调查，对各项品德的重要性进行排序，忠诚位居第一位。企业招聘员工的55种能力和要求中，忠诚，也就是可靠性位居第一位。

忠诚是人类最重要的美德之一，从古到今，没有谁不喜欢忠诚。领导需要他的下属的忠诚，产品需要忠诚的消费者，每个人都希望有忠诚的朋友。员工忠实于自己的公司，忠实于自己的老板，与同事们同舟共济、共赴艰难，将获得一种集体的力量，人生就会变得更加饱满，事业就会变得更有成就，工作就会成为一种人生享受。相反，那些表里不一，言而无信之人，整天陷入尔虞我诈的复杂的人际关系中，在上下级、同事之间玩弄各种权术和阴谋，即使一时得以提升，取得一点成就，但终究不是一种理想的人生，最终受到损害的还是自己。

忠诚是什么？忠诚不是叫你从一而终，而是一种职业道德。在这个社会中，流动是很正常的。然而，变化的只是环境，不变的是你的忠诚。它是一种自始至终的责任，对公司的责任，对老板的责任。

忠诚就是真诚地去支持老板，在任何情况下，不将自己与老板对立起来。所有的老板都希望自己的公司成长，所以他希望忠诚而能干的员工。所有的员工都希望自己有所发展，都想发挥自己的聪明才智，这就必须利用老板提供给你的平台。事实上，为了自己的利益，老板只会保留忠诚和有能力的员工，也就是那些能把信送给加西亚的人。同样，员工为了自己的利益，要清楚自己同老板的利益是一致的，只有证明出自己的忠诚和才能，你才会取得老板的信任，你才会得到你所希望的东西。任何一个老板，都只会培养忠诚的员工，如果你缺少这一条，你就不会得到重用。

忠诚就是真诚地理解和同情老板。不要相信天下乌鸦一般黑的说法，除非他是傻子，没有一个老板会存心去为难自己的员工。处世的黄金原则是设身处地，当你站在老板的立场上去考虑问题，就会明白当一个老板是不容易的。老板之所以是老板，不是因为他的完美，而是因为他肯定存在我们所不具有的特质。成功学中最伟大的定律是待人如己，而不是以己度人。不要光看到老板的风光，老板的荣耀，还要看到老板的辛苦，老板的压力。人经常会犯这样一个错误，老板是别人家的好，孩子是自家的好。

忠诚就是要对老板持有感恩的心。感恩是人的美德，有人说，西方人之所以比中国人有礼貌，是因为他们每年有一个感恩节。试想一下，工作是不是老板给的，工资是不是老板给的，经验是不是老板给的，机会是不是老板给的？难道不需要感谢吗？

忠诚就是向老板学习。向老板学习，不是因为他是老板，而是因为优秀。

找出老板的成功因素，闪光的那一面。如果你想成为老板，就更要这样做。

忠诚就是不要吹毛求疵和抱怨。完美的人是不存在的，上帝也会犯错误。人生之事，不如意者十之八九。没有老板愿意聘用满腹牢骚的人，任何人也不会因为抱怨会得到提升，喜欢抱怨的人，一生都不会有成就，有人说过，人生的毁灭，往往从抱怨开始的。相信，机会不是因为抱怨，抱怨也不是因为机会。抱怨是因为心态的失衡。如果不断抱怨，危险就在眼前，离找工作就不远了。

忠诚就是要诚实可靠。概括起来，忠诚就是不该说的不说，不该做的不做，不该要的不要。

→ 公司的事就是我的事

世界上没有一个老板会因为员工的责任和忠诚而批评或者责难他，相反，所有的老板都会因为他的这种责任感而对他青睐有加。

作为一个雇员，如果你能忠诚于你的公司，对工作负责，那么你在公司获得成功的几率将比那些缺乏忠诚度的员工高得多。由于你的忠诚和不断地努力工作，公司才得到了长足的发展，作为老板，最先赏识的自然就是你。你为公司付出你的忠诚，公司也会用忠诚来回报你，你将会得到领导的赏识，这样你自然就能脱颖而出了。

克林顿是洛克菲勒钢铁公司负责过磅称重的一名普通员工，他到这家钢铁公司工作还不到一个月，就发现很多炼铁的矿石并没有得到完全充分的利用，一些矿石中还残留着没有被冶炼好的铁。他心里盘算了一下，觉得这样下去的话，累积起来公司会有很大的损失。于是，他找到了负责这项工作的工人，跟他说明了问题。这位工人说：“如果技术有了问题，工程师一定会跟我说，现在还没有哪一位工程师向我说明这个问题，说明现在没有问题。”克林顿又找到了负责技术的工程师，对工程师说明了他发现的问题。工程师很自信地对他说公司的技术是世界上一流的，怎么可能会有这样的问题。工程师并没有把他说的看成是一个很大的问题，还暗自认为，一个刚刚毕业的大学生，能明白多少，不过是想博得别人的好感而表现自己而已。

克林顿没有放弃，他坚持认为这是个很大的问题，最后他拿着没有冶炼好的矿石找到了公司负责技术的总工程师，他说："先生，我认为这是一块没有冶炼好的矿石，您认为呢?"

总工程师看了一眼矿石，说："没错，年轻人你说得对。哪来的矿石?"

克林顿说："是我们公司的。"

"怎么会，我们公司的技术是一流的，怎么可能会有这样的问题?"总工程师很是诧异。

"工程师也这么说，但事实确实如此。"乔治坚持道。

"看来是什么地方出问题了，但是一直以来为什么没有人向我反映呢?难道其他人都是瞎子?"总工程师有些发火了。

总工程师立即召集负责技术的工程师到车间，果然发现了大量冶炼并不充分的矿石。经过检查发现，原来是监测机器的某个零件出现了问题，导致了冶炼的不充分。

公司的总经理知道了这件事之后，不但奖励了克林顿，而且还晋升他为负责技术监督的工程师。总经理不无感慨地说："我们公司并不缺少工程师，但缺少的是负责任的工程师。这么多工程师居然没有一个人发现问题，并且当有人提出了问题，他们还不以为然。对于一个企业来讲，专业技术人才是重要的，但更为重要的是真正有责任感和忠诚于公司的人才。"

克林顿从一个刚刚毕业的大学生成为负责技术监督的工程师，可以说是一个飞跃，但是他能获得工作之后的第一步成功就是来自于他对公司的忠诚，他的忠诚让他的领导者认为可以对他委以重任。

一个主管过磅称重的小职员，也许会因为怀疑计量工具的准确性而提出质疑，并因此而得到修正，从而为公司挽回巨大的损失，尽管计量工具的准确性属于总机械师的职责范围。正是因为有这种责任感，才会让你得到别人的刮目相看，或许这正是你脱颖而出的一个好机会。相反，如果你没有这种责任意识，也就不会有这样的机会了。成功，在某种程度上说，就是来自责任与忠诚。

如果你的领导让你去传达某一个命令或者指示，而你却发现这样可能会大大损害公司利益，那么你一定要理直气壮地提出来，不必去想你的意见可能会让你的上司大为恼火或者就此冲撞了你的上司。大胆地说出你的想法，让你的领导明白，作为员工你不是在刻板执行他的命令，你一直都在斟酌考虑，考虑怎样做才能更好地维护公司的利益和他的利益。因为，没有哪一个领导会因为员工的责任和忠诚而批评或者责难你。相反，你的领导会因为你的这种责任感而对你青睐有加。因为一种职业的责任感会让你成为一个值得信赖的人，这种人将会被委以重任，而且也永远不会失业。

钢铁大王卡内基就认为，他一定会重用这样一些人：勇于也乐于承担责任，甚至为了维护上司和整个企业的利益而敢于违背上司的命令，因为他相信这样的人是忠诚的。卡内基如此，很多企业的领导者也是如此。

今天的领导者们日益清晰地认识到，员工的责任感和忠诚对于一个企业而言有着非凡的意义和价值——责任感和忠诚代表一个团队成员的最基本的人心向度，是员工最基本的一种工作精神，保证企业朝着健康的方向发展。

一个忠诚而富有责任感的人是容易获得成功的，因为别人愿意和他合作，他值得别人信任，他让人放心。

→ 决不背叛公司

这个社会充满了诱惑，诱惑随时可以让一个人背叛自己信守的情感、道德和工作原则。在很多公司都有这样的员工，他们为了一己私利，不顾老板和公司的利益，将公司的商业机密出卖给别人。然而，这样做的员工能获得成功吗？

布什是一家金属冶炼厂的技术骨干，由于工厂准备改变发展方向，他觉得工厂不再适合自己，他准备换一份工作。

凭着原来工厂在本行业的影响力和他自身的能力，要找一份工作是轻而易举的事情。很多公司很早以前就来挖过他，但是都没有成功，这次是布什主动要走，很多公司都认为是获得他的绝好机会。

很多公司对布什都给出了很高的条件，但是布什觉得这种高条件后面一定隐藏着另外一些东西。布什可不愿意为了优厚的报酬而背弃自己的做人原则，因此，他拒绝了很多公司的邀请。最后，布什决定去全美最大的金属冶炼公司应聘。

负责面试布什的是该公司负责技术的副总经理，他对布什的能力没有任何挑剔，但是却向他提出了一个让布什很失望的问题：

“我们很高兴你能加入我们公司，你的资历和能力都很出色。我听说你原来的厂家正在研究一个提炼金属的新技术，听说你也参与了这项技术的研发，我们公司也在研究这门新技术，你能够把你原来厂家研究的进展情况和取得的成果告诉我们吗？你知道这对我们公司意味着什么，这也是我们聘请你来我们公司的原因。”那位副总经理说。

“你的问题让我十分失望，我很理解市场竞争需要一些非常手段，但是我不能答应你的要求，因为我有责任忠诚于我的企业，尽管我已经离开它了，但任何时候我都会这么做，因为信守忠诚比获得一份工作重要得多。”

布什身边的人都为他的回答感到惋惜，因为这家企业的影响力和实力比他原来的工厂要大得多，在这里获得一个工作是无数人梦寐以求的，但是布什却放弃了这个绝好的机会。

就在布什准备寻找另一家公司的时候，那位副总经理给布什来了一封信，在信中他这么说：“年轻人，你被录取了，并且是做我的助手，不仅是因为你的能力，更因为你的忠诚。”

每个公司都需要布什这样的职员，你只有成为这样的人才能受到公司的重用。无论在哪个公司，你都应该保守公司和老板的机密，对公司的各种事情都不能随便张扬，一定要守口如瓶。

罗那尔多是一家公司的办公室秘书，能力出众，深受老板赏识，因为经常和老板在一起，自然知道公司很多的商业机密。有一次，公司的一位合作伙伴请罗那尔多喝酒，席间，这位合作伙伴说：“最近我和你们老板正在谈一笔很大的合作项目，如果你能够把你们公司的一些资料告诉我，这将使我在谈判中掌握主动。”

“什么？你是说让我出卖老板的商业机密？”罗那尔多皱着眉头说道。

这位合作伙伴小声地对罗那尔多说：“这件事情除了你我知道外，没有任何人知道，对你不会造成任何影响。”说完，便给罗那尔多一张十万美元的现金支票，罗那尔多欣然接受了，并讲出了公司所有的机密。

结果，在谈判中罗那尔多的老板吃了很大的亏，公司损失巨大。事后，公司老板费尽心机终于查出是罗那尔多泄露了公司的商业机密。原本有很大发展前途的罗那尔多不仅丢掉了工作，而且他得到的那十万美元也被作为赔偿款被公司没收。

一个不忠诚的人到哪里都不可能得到老板的欢迎，哪怕他有出众的才华。没有人会信任一个不忠诚的人。忠于公司就是忠于你自己，背叛公司，背叛老板，其实也就是背叛你自己，最终的结果就是走向失败。

作为一名员工，不要忘了自己的角色，你需要为公司争取利益，而不是为你自己争利益。只有公司发达了，你才会跟着发达，万万不可越位。有时，公司与你个人在利益上也会发生冲突，这时你千万不能把公司利益置之度外，使自己糊涂一时。

→ 跳槽，请三思而行

缺乏忠诚度的人，试图通过频繁跳槽来改变自己的处境，而不是从自身找原因。跳槽直接受到损害的是企业，但从更深层次的角度来看，对跳槽者本人的伤害更深。无论是你个人资源的积累，还是所养成的“这山望着那山高”的坏习惯，都使你自身的价值降低。这些人对自己的内心需求没有认真地反思，对自己奋斗的目标没有清晰地认识，自然无法选择自己的发展方向。人一生恐怕要走许多路，才能达到自己想要达到的地方。从职业的角度来看，一个人难免要调换几种工作。但是这种转换必须依托于整体的人生规划。盲目跳槽，虽然在新的工作环境里收入可能有所增加，但是，一旦养成了这种习惯，跳槽就不再具有目的，而成为一种惯性。久而久之，自己就不再勇于面对现实，积极主动克服困难了，而是在一些冠冕堂皇的理由下回避、退缩。这些理由无非是不符合自己的兴趣爱好啦、老板不重视啦、命运不济啦、怀才不遇啦、别人不理解啦等，整天幻想着跳到一个新的单位后所有的问题都迎刃而解了。其实，这往往导致了工作中的问题越来越多，而忠诚敬业的精神却渐渐消逝了。

实际上，换工作是一件正常的事情。但是每一次的转换，是否为你带来正面的效益及自我提升，这是转职之前必须深刻思考的问题。很多人为了跟着流行走，只看到新工作、新公司表面的优点，却没有思考自我的工作态度与心情，在轻易地放弃原本熟悉的工作之后，却陷入另一个每天抱怨的恶性循环中。笔者认为，当你兴起“另起炉灶”念头的时候，不妨先转换一下心情，换个角度看工作、看事情，或许离职的想法会就此打消。

据调查，有52%的人，将薪资列为换工作的第一因素。如果你也觉得单位给你薪资过少时，不妨想想，薪资和贡献是成正比的，如果你的付出够多，领导是不会视而不见。另外，薪资收入除有形的货币所得外，也应算上无形的货币收入，如：人际关系、教育训练、企业资源等。这些无形的货币收入，也是一大笔财富。

如果你对公司或领导的经营方针有疑虑，可以想一想，是不是有多半的原因，出在和领导的沟通上？另外，对于公司的文化是否愿意抱适应的心情，也是应该思考的问题。

你要是觉得上班工作时间过长，先问问自己是不是工作效率太低？还是业务真的超负荷？若是前者，不正是自我提升与学习的最好机会？若是后者，应寻求其他支持，或向领导提出解决办法。

当您对职场工作气氛不满时，你是否想过，是你的人际关系不好？还是你对领导、同事一直看不顺眼？不要一直站在自己的角度去思考问题，换一个方向看，可能又是另一片海阔天空，试试用自己的态度或幽默感改善大家的气氛吧！

如果你工作时间很长，还没得到提拔，你可以思考一下，是公司没有人获得升迁？还是你的绩效不佳？不要只是嫉妒别人升迁，或是先入为主地认为别人升迁是靠关系、拍马屁，可能别人的努力你都没有看见。

当你感到自己的能力在单位没有受到领导肯定的时候，你是否有意无意拔高了自己？有时我们的确会高估自己的能力。一味地感到自己怀才不遇，只会在职场中令人嫌弃。多和领导谈谈自己的工作或抱负，甚至主动多参加紧急重要项目的执行，将有助于领导对你能力的肯定与了解。

你埋怨上班交通不便，其实你完全可以早点起床，可以改变自己晚睡的习惯。每个人都有惰性，但在工作中，只有勤劳才会有收获，那是基本的自我要求。

每一份工作或每一个工作环境都无法尽善尽美。准备换工作的朋友，请仔细想想，自己曾经从事过的每一份工作，多少都存在着许多宝贵的经验与资源。例如失败的沮丧、自我成长的喜悦、温馨的工作伙伴、值得感谢的客户等等，这些都是人生中值得学习的经验，如果我们每天都能带着一颗感恩的心去工作，相信工作的心情与态度，自然是愉快而积极的。

那么，如今的雇主们是如何看待频繁跳槽的呢？

在网络泡沫时期，看到更合适的工作就走人是很正常的事，也是容易让人接受的。而如今，尽管雇主们预计几年的收缩规模和重组会使很多人频繁变动工作，但他们仍然希望看到具有稳定性的人才。

对于那些已经工作多年的人来说，这一点尤其重要。

“如今的社会，刚开始工作时跳两三次槽，人们不会觉得什么”，新南威尔士州一家咨询公司 Loyalty Factor 的总裁戴安娜·杜金说，“但随后，就应该表现出一定的稳定性，并且在工作中提高自己的能力。”

有人说，并不是跳槽本身让他们觉得有什么不对，而是跳槽可能反映出来的个人行为特点。Wenroth Group 总裁温迪·罗斯曼说，当她看到简历上的人换了多份工作，她就会怀疑这个人是否有能力建立和保持客户关系。她还会看看这个人是把工作干不长归咎于他人呢，还是会用一种积极的态度看待换工作。Wenroth Group 是一个由商业心理学家组成的团体。

不同的求职者会对跳槽的原因做出不同的解释，罗斯曼可以从这些解释中判断出这些人的可信度、自我意识和适应能力。“没有人愿意雇用缺乏这些能力的人，不管这些人是在一家公司干了一辈子，还是半年到一年就换份新工作。”她补充说。

尽管尽力作出了解释，可“并非所有的人都喜欢频繁跳槽的人”，纽约一位职业发展顾问罗伊·科恩说，“你要做好准备，不要将跳槽和个人情绪联系起来。”

→ 忠诚是你获得成功的首要条件

在人的一生中，最需要的是找到一项可以终身从事的职业，它能给你带来快乐、发展、财富，它可以使你全身心地投入，同时也能给你相应的回报。那么，如何才能获得终身的事业机会？只有忠诚于自己的工作，你的全部智慧和精力才可以专注在这个事业上。

忠诚的人无论走到哪里都会得到人的信赖；无论从事什么样的工作，都会有成功的机会。每个老板都会忠诚于自己开创和努力奋斗得来的事业，这一点毫无疑问。他会将忠诚、敬业、勤奋定位为公司的核心精神。对每一个雇主来说，员工的忠诚是他看重的首要条件，他们会以这些标准来选拔人才，并在经营管理的过程中反复地传播和灌输忠诚的理念。在一大群能力相当的员工中，老板更重视的是他们的忠诚敬业程度。无疑，那个忠诚度最高，敬业度最高的人会是他重用的对象。

虽然，考察一个人是否是好员工，有许许多多的素质要求——能力、勤奋、主动、正直、负责……但有一点是肯定的，老板更愿意信任那些足够敬业的人，即使他的能力稍微差一些，而不会重用一个三心二意、没有责任心的人，哪怕他技能一流。当然，既忠实又有能力的员工会更受欢迎，而现实是，少数人需要能力加勤劳，而多数人却在靠忠诚和勤劳。不管你的能力强还是弱，一定要具备忠诚敬业的品质。只要你真正表现出对公司足够的真诚，你就能得到老板的关注，他也会乐意在你身上投资，给你培训的机会，提高你的技能，因为他认为你值得他信赖；无论你从事什么样的工作，都会有成功的机会。

如果把公司比做航船的话，忠诚的人总是坚守着航向，即使遭遇大风大浪，他们也能镇静地掌稳船舵，乘着公司这艘大船不断驶向成功的前方。他们忠诚于公司，忠诚于老板，努力地工作，支持老板，为他出谋划策，帮助他完善管理上的不足。朋友的忠诚，在危险时刻最能表现出来，同样，员工对公司和老板的忠诚也是如此，需要在困难的时候经受考验。公司面临危机的时刻，正是检验员工忠诚敬业的时候。在公司危难的时候，忠诚敬业的人总是会和老板同舟共济。相反，那些缺乏敬业精神的员工，他们的航向一会儿往东，一会儿朝西，他们的许多时间都浪费在寻找工作上，却一次次被拒之于工作的大门外。

你不妨时常问你自己：我忠于公司吗？忠于老板吗？如何能证明我的忠诚呢？

忠诚于公司、忠诚于老板，实际上就是忠诚于自己。忠诚不同于一味的阿谀奉承，不用嘴巴说出来的，它不仅要经受考验，而且还表现在你的行动和行为上。认可公司的运作，由衷地佩服老板的才能，这样你才能获得一种集体的力量，你就会产生一种要和公司一同发展的事业心。即使出现分歧，你也应该服从忠实的信念，求同存异，化解矛盾；悲观失望的时候，你也应该为和谐融洽的环境而努力；即使老板和同事有错误的地方，你应该坦诚地提出来，帮助他们改正。这样，忠诚敬业会让你的人生变得更加饱满，事业变得更有成就，让你的工作成为一种人生的享受。

忠诚和敬业是相互融合在一起的。忠诚在于内心，敬业在于工作上尽职尽责、善始善终、一丝不苟。将敬业当成一种习惯的人，就能从工作中学到更多东西，积累更多经验。他们会更受人尊重，即使没有取得什么了不起的成就，他们的精神也能感染他人，能引起他人的关注。

请记住，如果你忠诚地对待你的老板，他也会真诚地对待你；当你的敬业精神增加一分，别人对你的尊敬也会增加一分。忠诚敬业的结果就是受到重用和获得无处不在的发展机会，物质上的报酬也会随之而来。

【自测自评】忠诚度测试

下面 15 个题目是为考验你的忠诚度而设的，请认真、诚实做答。A—E 积分分别为 5—1 分，45 分为及格，60 分为良好，60 分以上为优秀。

序号	试　题	A	B	C	D	E
1	我很明确××××公司的使命与价值观。	非常同意	同意	不确定	不同意	很不同意
2	公司为了完成既定的使命与价值,制定了明确的策略与政策。	非常同意	同意	不确定	不同意	很不同意
3	我觉得公司有鲜明的企业文化。	非常同意	同意	不确定	不同意	很不同意
4	我认为公司建立统一鲜明的文化与价值观,对公司很重要。	非常同意	同意	不确定	不同意	很不同意
5	我认为公司对文化建设很重视。	非常同意	同意	不确定	不同意	很不同意
6	能成为××××的职工,我非常自豪。	非常同意	同意	不确定	不同意	很不同意

续表

序号	试　题	A	B	C	D	E
7	我非常愿意为××××公司终身服务。	非常同意	同意	不确定	不同意	很不同意
8	××××是我愿意为之工作的公司,是因为:	喜欢这个行业	公司文化与氛围	锻炼与发展自我的机会	薪酬福利	管理者的魅力
9	为了完成公司目标,我很明确自己的责任。	非常同意	同意	不确定	不同意	很不同意
10	我认为我尽心尽职的工作对公司实现目标很重要。	非常同意	同意	不确定	不同意	很不同意
11	你对于自己的上司、同事的态度如何?当他们获得荣誉时,你是为他们感到高兴,还是嫉妒甚至嘲讽?	为他们感到骄傲	礼节性地祝贺他	无动于衷	不高兴,觉得他名不副实	非常嫉恨,觉得他是小人得志
12	假如其他公司开出了更高的待遇,你是尾随而去,还是继续耕耘,把希望放在公司更大的发展上?	与公司共命运	继续做好本职工作	会考虑跳槽	设法跳槽	立即跳槽,不管公司是否同意
13	你是否模范地遵守、维护公司的规章制度?在有人践踏公司“宪法”时,你能及时制止吗?	总是能	一般情况下能	不一定	有时不遵守	不能很好遵守
14	如果我努力工作,会有晋升的机会。	非常同意	同意	不确定	不同意	很不同意
15	如果我不努力工作,决不会有任何升职的可能。	非常同意	同意	不确定	不同意	很不同意

敬 业

→ 什么是敬业

2001年9月，已于3周前接到解聘书的安捷伦员工谢里尔·韦斯，在正式离职前的最后一天晚上仍然在为公司加班，直到9点半才依依不舍地离开办公室。2002年1月31日，安捷伦中国公司人力资源总监卢开宇开会到晚上8点钟，回到办公室时发现有人一直在等他，是一位第二天就将正式离职的员工。她将怀里抱着的一束鲜花递给了卢对他说：“今天是我在这里工作的最后一天，同事们晚上为我举行了欢送晚餐，这是我所在的业务部门的同事送给我的花，他们对我说‘我很感谢你为我们所做的一切。’晚餐后我发现自己还可以为他们再做点什么，于是我就过来了。我刚刚把相关的资料整理完毕，我想他们需要我这么做。”

职业是人的使命所在，忠于职守、认真履行本职工作是人类共同拥有的一种崇高精神。从世俗的角度来说，敬业就是尊重自己的工作，将工作当成自己一定要做好的事。敬业首要的是一个“敬”字，体现为忠于职守、尽职尽责、一丝不苟、善始善终的职业道德，其中包含了使命感和道德责任感。敬业精神成为一种最起码的为人之道，也是任何人成就事业的必要条件。

敬业意味着你要约束自己的言行，在工作上投入更多时间和精力，在一定程度上是以牺牲你的个人生活为代价的；正因为敬业并非轻易能办到，它才成为一种宝贵的品质。敬业是工作本身要求，而不是你的老板为了减少工资支出，从你身上压榨更多的“血汗”。实际上，没有任何一件事情可以不费心力就办成，工作的难度就在于它需要你严谨、专注、认真地做好每一个环节。

一份英国报纸刊登一则招聘教师的广告：“工作很轻松，但要全心全意，尽职尽责。”事实上，不仅教师如此，所有的工作都应该全心全意、尽职尽责才能做好。而这正是敬业精神的基础。

→ 敬业的效应：公司

员工敬业度是什么？人们对此的定义并不是一致的，目前比较权威的两种说法分别是来自盖洛普（GALLUP）咨询有限公司和翰威特（HEWIIT）咨询有限公司的。

美国历史最悠久和最权威的民意调查机构盖洛普认为，员工敬业度是在给员工创造良好的环境，发挥他的优势的基础上，使每个员工作为自己所在单位的一分子，产生一种归属感，产生主人翁责任感。

敬业员工具有以下特点：

- 每天都使用他们的才干
- 始终保持优秀业绩
- 主动创新，注重效率
- 相互支持
- 明确工作要求
- 全身心投入工作
- 挑战工作目标
- 精力充沛，士气高昂
- 从不坐等指示，主动找活干
- 不断拓宽和增强自身业务
- 对公司、团队和本职工作尽心尽力

全球领先的人力资源管理咨询公司翰威特咨询有限公司在今年进行的最佳雇主调查中十分强调的就是企业员工的敬业度。翰威特认为员工敬业度衡量的是员工乐意留在公司和努力为公司服务的程度。敬业员工的行为表现有三方面：积极评价，不断向同事、潜在同事，尤其是向客户高度赞扬公司；渴望留任，强烈希望留在公司中；竭尽所能，付出额外的努力并致力于那些能够促使公司获得成功的工作。

从上面看出，虽然这两家机构对员工的敬业度的说法不完全一致，但强调的共同的一点是：员工的敬业度实际上指的是员工在情感和知识方面对企业的一种承诺和投入，他们会努力工作，表现出一系列的行为来对公司的经营进行正面的影响。

通用电气公司的总裁杰克·韦尔奇曾经说过：任何一家想靠竞争取胜的公司必须设法使每个员工敬业。对服务业来说，这格外重要，因为公司的几乎所有价值都由每个员工提供给顾客。然而即使是纯粹的制造业，如果没有敬业的员工，就难以生产出高质量的产品。敬业员工的增加与利润增加往往有着十分紧密的联系。通过提高生产效率或大幅度降低员工流失率，间接或直接推动利润的增长。

盖洛普的研究证实，敬业员工对企业所关注的经营业绩指标影响最大，包括效率、顾客忠实度、员工保留率、安全和产值。这些员工创造了一个组织的所有利润和顾客忠实度。他们是推动组织利润增长的主动力。

盖洛普公司确定了测量一个企业员工敬业度的 12 个维度的 Q12，也是测评一个工作场所优势的最简单和最精确的方法，它包括 12 个问题：

1. 我是否知道公司对我的工作要求？
2. 我是否有做好我的工作所需要的材料和设备？
3. 在工作中，我每天都有机会做我最擅长做的事吗？
4. 在过去的一周里，我因工作出色而受到表扬吗？
5. 我觉得我的主管或同事关心我的个人情况吗？
6. 工作单位有人鼓励我的发展吗？
7. 在工作中，我觉得我的意见受到重视吗？
8. 公司的使命目标使我觉得我的工作重要吗？
9. 我的同事们致力于高质量的工作吗？
10. 我在工作单位有一个最要好的朋友吗？
11. 在过去的六个月内，工作单位有人和我谈及我的进步吗？
12. 过去一年里，我在工作中有机会学习和成长吗？

2002 年盖洛普公司采用了一种专门的统计分析方法进行分析，结果证明，12 个问题在数据上对一个组织的效率、安全、员工保留率和利润等关键经营业绩指标有着直接的影响。这适用于各个行业，无论其规模和性质多么不同。平均而言，员工敬业度为前 50％的经营单位与后 50％的单位相比：

- 顾客服务质量上的成功率提高 86%
- 减少员工流失的成功率提高 70%
- 生产效率上的成功率提高 70%
- 利润上的成功率提高 44%
- 安全上的成功率提高 78%

翰威特连续几年的员工敬业度调研结果表明，敬业的员工对经营结果确实产生了巨大影响：人均利润比其他公司高 3800 美元；人均市场价值比其他公司高 18600 美元；人均销售额比其他公司高 27000 美元。《财富》美国百佳雇主的调研亦表明，敬业度得分较高公司的股价比标准普尔 500 内的其他公司高 12%。

以第二次当选为中国最佳雇主之首的上海波特曼丽嘉酒店为例，从 1999 年开始，员工敬业度由 70%提升到 96%，顾客满意度也从 92%提高到 97%。尽管四周不断有新酒店加入竞争，波特曼丽嘉的营业额还是保持着 18%的增长率。

可见，员工敬业对企业有着重要的影响，员工敬业度高的企业，员工对公司高度认可，发自内心地认同公司恪守的价值观，认同公司为实现其价值观所设定的目标、流程、架构和管理，并愿意主动地全身心地在这个过程中发挥自己的最大价值。

当我们由于长期的程序化惯性工作而懈怠的时候，不敬业和不勤奋就有可能像蛀虫一样吞噬我们的职业神经，成为一种令人厌弃的工作习惯。以敬业的心态去克服困难，成就事业，当然也等于成就了自己。

→ 敬业的效应：双赢

任何一家想在竞争中取胜的公司必须依靠每个员工敬业。员工不敬业，公司就无法给顾客提供优质的服务，就难以生产出高质量的产品，公司的效益自然就难以维持。推而广之，一个国家如果想在世界竞争格局中占得一席地位，必须依赖全体国民的敬业。警察应该尽职尽责打击犯罪，维持社会秩序，为民众安居乐业服务；行政官员应该勤奋思考，不遗余力地谋求增进人民群众利益的政策和方针，不断提高行政水平；医生应该将病人安危置于个人利益之上，教师应当竭力改善教学技艺；只有每个人做一行爱一行，这个社会才能成为敬业的社会。

敬业表面上看起来是有益于公司，有益于老板，但最终的受益者却是自己。当我们将敬业变成一种习惯时，就能从中学到更多的知识，积累更多的经验，就能从全身心投入工作的过程中找到快乐。这种习惯或许不会有立竿见影的效果，但可以肯定的是，当不敬业成为习惯，人生事业兵败如山倒的结局就不可避免。工作上投机取巧带给你的是一时的省心、一时的安逸，带给老板的也只是有限的经济损失，但是它却可以毁掉你的一生。

做事情无法善始善终的人，其心灵上亦缺乏相同的特质。他不会培养自己的个性，无法坚定自己的意志，当然也就不可能达到自己追求的目标。做事一丝不苟则能够累积严谨务实的品格，获得超凡的智能，它既能带领普通人往好的方向前进，更能鼓舞优秀的人追求更高的境界。

无论做什么事，你都务必竭尽全力。因为一件事情的意义决不只是事情本身，它往往能决定你日后更大事业的成败。一个人一旦领悟了全力以赴地工作能消除工作辛劳这一秘诀，他就掌握了打开成功之门的钥匙了。能处处以主动尽职的态度工作，即使从事最平庸的职业也能增添个人的荣耀。

成败根本上是取决于个人品格的。一个勤奋敬业的人也许并不能马上获得上司的赏识，但至少可以获得他人的尊重。那些投机取巧之人即使利用某种手段爬到一个高位，但往往被人视为人格低下，无形中给自己的成功之路设置了障碍。不劳而获也许非常有诱惑力，但很快就会付出代价，他们会失去最宝贵的资产——名誉。诚实及敬业的名声是人生最大的财富。

受人尊重会获得更多的自尊心和自信心。不论你的工资多么低，不论你的老板多么不器重你，只要你能忠于职守，毫不吝惜地投入自己的精力和热情，渐渐地你会为自己的工作感到骄傲和自豪，就会赢得他人的尊重。以主人和胜利者的心态去对待工作，工作自然而然就能做得更好。

无论从事什么职业，只有全心全意、尽职尽责地工作，才能在自己的领域里出类拔萃，这也是敬业精神的直接表现。之所以要敬业，原因无非是两个：一是为了提高自己的业务能力，放眼于未来的发展，二是为了把工作干得更好，对公司和老板负责，得到老板的青睐。

敬业的员工，是老板最倚重的员工，也是最容易成功的员工。如果你的能力一般，敬业可以让你走向更好；如果你十分优秀，敬业会将你带向更成功的领域。假若老板的周围缺乏实干敬业者，你如果具有强烈的实干敬业精神，你自然能得到重视，受到重用，得到提拔。

不敬业的人始终逃不出一个失败恶性循环：如果你不敬业、不勤奋，那么你就得不到嘉奖和升迁，生活越来越艰难；于是你随波逐流，变本加厉地放纵自己不敬业、不勤奋。作为后果，你更加得不到嘉奖和升迁，生活进一步陷入艰难的境地，最终你会被生活的艰难压得趴下。

而成功者无一例外处于良性循环中。敬业、勤奋得到嘉奖和升迁，生活越来越优越；尝到生活乐趣的人更加敬业、更加勤奋，相应的，他将得到更多嘉奖和升迁机会，生活进一步优越起来。这些人最终会生活在众人羡慕的目光之中。

→ 不敬业的四种典型表现

大多中国企业里的人力资源部都不得不面对这样一个现实，企业里的员工敬业度普遍较低。盖洛普进行的42项独立研究表明，在大部分公司里，75%的员工都算不上敬业，而且员工资历越深，越不敬业。他们的研究表明，平均而言，员工参加工作的第一年最敬业，随着资历加深，他们的敬业度逐步下降。大部分资深员工人在心不在，或者表现为“在职退休”状态。

根据相关的调查研究，中国企业员工缺少敬业度的典型表现有四类：不求有功，但求无过；三心二意，敷衍了事；明哲保身，怕负责任；一味抱怨，不思解决。

◆ 不求有功，但求无过

这是缺乏敬业精神的最典型表现。广州某仪表制造公司的HR主管李小姐说，公司有一名员工，做事循规蹈矩，不迟到不早退，能力不能说不强，也有很多想法。但每次做起事来，都只是按照基本要求做完就好，他从没想过要把工作做得更好一些。像这样的员工，我们想说他又不好说他，毕竟他也按规定完成了任务。

江华是一家银行的出纳，他的工作还算过得去，没出什么大错，没有顾客投诉，也不偷懒，但他从不多干一点儿活。他的同事觉得他还不错，能完成工作，与大家和睦相处。但是每当有额外的需要时，他从不自告奋勇。他也不像其他的出纳一样，为缩短顾客排队时间实施新的顾客奖励而献计献策。他总是认为：我只是个小小的银行出纳，我为什么要做那么多？我只要做好自己的事不出错就可以了。

◆ 三心二意，敷衍了事

总是有这样的员工，他们每天来上班仿佛就只是人来了而心没来，做起事来不是无精打采，就是心不在焉，或者经常拿着个电话说个没完。他们对待工作就像小学生在应付老师布置的作业，每次都是在最后关头才急急忙忙地赶完。在他们看来，反正能将经理应付过去就行了。

王宏在一家化工企业做人力资源主管已有三年多了，他一直负责企业的绩效管理，最近经受不住朋友的劝说开始炒股，于是工作就几乎成了他的副业。上个季度的员工绩效考核，他就简单地将考核表发到各部门的负责人的手里，要他们尽快填完交回来。考核结果汇总上来了，他也不管是否属实，也省去了评价反馈，在粗略地做了统计后就将结果交给了负责薪酬管理的主管。

其实，在很多企业里都存在这样的敷衍工作的员工，他们在工作时，并没有将心思完全放在工作上，想的不是如何才能将工作做好，而是如何将工作应付完成了事。

◆ 明哲保身，怕负责任

很多人忌讳担当责任，如果公司不给予一定职务或待遇上的承诺，他们从不会主动地去承担一些工作，因为他们认为做的工作越多，意味着担负的责任越重，做得好就不说了，做不好就会吃不了兜着走。所以，干脆只要做好自己的事情就可以了，其他的事情能不管就不管、能推则推。

长沙某生物制药公司的行政副总林先生说：我们公司有些员工在工作时只想着如何做才会不让自己吃亏，凡事对自己有利就去做，稍微有些风险就独善其身，害怕承担责任。前不久，我们的研发部根据计划准备开发一种新药，可是后来做了几次初步的试验后发现存在一定的风险，眼看年底快到了，为了避免可能的研发失败而影响年终绩效考核和奖金，以及可能要承担的风险责任，就打了份报告上去说了一大堆理由硬是取消了这个计划。其实这个计划是很值得做下去的。

◆ **一味抱怨，不思解决**

任何一个企业都不可能完美无缺，总会存在或多或少的问题，这些问题就成为那些不敬业员工抱怨的理由。他们不是嫌公司的待遇低，就是觉得办公环境不够好；不是认为某经理刻板不讲人情，就是不耐烦下属办事不力；他们只知道埋怨，而不去考虑如何去处理这些问题。其实，每个员工都是公司的一分子，公司需要员工去发现和解决企业发展过程中出现和存在的问题。

李强是一家 IT 公司新来的绩效主管，一进到公司就开始着手准备进行整个公司的年终绩效考核，可是他发现这家公司成立这么久了居然没有一个明确的绩效考核方案，于是他就找到人力资源经理大发牢骚：这绩效没法考核，连一个成文的考核方案都没有，让我怎么考？算了，以前怎么样这次还一样吧。

以上种种，只是员工不敬业的典型例子。尽管我们知道有很多企业里的员工不是很敬业，但我们无法确切地知道究竟有多少员工不敬业，不过我们可以通过一些已有的调查数据来做个大概的了解。

据美国一家人力资源机构调查，美国企业员工中，25%的员工是真正敬业的，50%的员工敬业水平一般，而剩下 25%的员工是不敬业的，符合正态分布。同时该家机构还得出一个结论，美国优秀企业中，50％—60％以上的员工是非常敬业的。

根据翰威特的最佳雇主调查结果显示，2003 年中国最佳雇主的敬业度是 80 分（总分为 100 分），但所有参加调查公司的平均分只有 50 分，两者之间存在着巨大的差距。

值得说明的是，参加翰威特 2003 年调研的 68 家中国公司均为外资企业，最终获最佳雇主称号的企业都是一些像微软（中国）公司、英特尔公司或强生（中国）公司等著名企业。连获最佳雇主荣誉的企业的员工敬业度也只有 80 分，可以据此想象出，其他的中国公司会是怎样一种情形。

【自测自评】你敬业吗?

计算一下你的敬业程度。以下每题有三个选项，A：不赞成　B：基本赞成/有点不赞成　C：赞成

1. 不拿公司的任何物品，即使是废弃的办公用具也不带回家。
2. 在规定的休息时间之后，及时返回工作场所。
3. 看到别人有违反公司规定的举动，及时向公司领导反映。
4. 涉及公司利益的商业秘密绝对守口如瓶。
5. 不到下班时间，不离开工作岗位，即使没有人监督你也能这么做。
6. 不做有损公司名誉的任何事情，即使公司没有明确禁止。
7. 积极提出有利于公司的意见，而不管能否得到相应的奖励。
8. 关心自己和同事的身心健康。
9. 乐于接受更繁重的任务，承担更大的责任。
10. 只为本公司工作，不兼任其他公司的职务。
11. 对外界人士积极宣扬公司，而不是诋毁。
12. 把公司的目标放在与工作无关的个人目标之上。
13. 为了更好完成工作，乐于在工作时间之外自动自发地加班。
14. 业余时间注重钻研与工作有关的技能，加强职业素养的学习。
15. 为保证工作绩效，善于劳逸结合，调节身心。

16. 在工作日的任何时间里，绝对不喝烈性酒，杜绝一切有碍工作的事。
17. 凡是支持本行业和本行业的人，均投票赞成。
18. 认同公司的价值观，对公司使命有清晰的认识。
19. 在工作中能享受乐趣。
20. 积极参加公司组织的业务技能培训。

评价

A 选项得分为 1 分，B 为 3 分，C 为 5 分。

得分 40 分以下：敬业度很低

得分 40—60 分：敬业度一般

得分 60—80 分：敬业度上等

得分 80 分以上：敬业度优异

【习惯训练】乐业、勤业、精业

敬业又不仅仅是一种观念，还是一种行为倾向。作为人的一种实践行为，敬业的基本要求是乐业、勤业、精业。

乐业就是热爱自己所从事的职业。从业人员要有在岗一天、爱岗一日的干一行爱一行的乐业思想。在市场经济条件下，由于科学技术的发展、产业结构的调整和新的生产部门的涌现，那种一次就业定终生，终生干一种职业的现象将逐渐成为过去。职业流动、岗位转换，已成为新的时代潮流。但这并不影响从业人员树立乐业的思想和情怀。只有做好每一项工作，不断增长才干，才能在职业流动、岗位变换中坦然应对，寻找新的机遇。

精业就是对自己所从事的职业技术精益求精，刻苦钻研业务知识。在科学技术飞速发展的今天，各行各业的自动化、现代化水平越来越高。从业人员只有坚持不懈地学科学，学习职业技能，学会掌握和运用最新科学技术，才能创造更大的劳动价值。

勤业就是对工作兢兢业业、勤勤恳恳，脚踏实地、埋头苦干。俗话讲，业精于勤。要做一个新时期高素质的劳动者，就必须有勤业的工作态度，艰苦奋斗、无怨无悔；要有强烈的事业心，勇挑重担、百折不挠；要有严谨的职业作风和铁的职业纪律，尽职尽责、全心全意为公司服务。

第三章

融入团队，创造卓越

在团队中才能成功

→ 现代作业系统需要精诚协作

在如今这个专业化分工越来越精密的时代里，单打独斗的个人英雄主义已经无法赢得胜利；市场竞争的基本单位是企业，而企业也不再是由一个个员工组成的松散组织了。一个优秀的企业必然拥有一个优秀的团队，一个优秀的团队也必然要求员工树立强烈的团队协作意识。

微软公司以卓越的团队精神而著称于世。微软在开发 Windows2000 系统时，动员了超过 3000 名研发工程师和测试人员，写出了 5000 多万行代码。如果没有高度统一的团队精神，没有全部参与者的默契与分工合作，这项工程是根本不可能完成的。

微软公司让数以百计的雇员成了百万富翁，可是，鲜为人知的是，他们中许多人在取得了经济独立之后，却仍继续留在微软“卖命”工作。在某些人看来，这些家财万贯的百万富翁，无疑是发了神经。的确，大多数人认为，发财就等于取得了辞职的资格证书。但是，事实证明，微软公司的百万富翁们并不那样认为。

如果你知道了微软公司的工作条件并非舒适安逸，你就会觉得雇员们的这种献身精神难能可贵。在这里，一周工作 60 个小时是常事。在主要产品推出的前几周，每周的工作时数还会过百。微软公司也并非以其高额津贴出名。相反，它却以吝啬著称。据该公司的一位前任副总裁透露，多年以来，董事长比尔·盖茨因公出差时，总是自己开车去机场，而且坐的是二等舱。

那么，是什么神奇的吸引力，竟使这帮百万富翁在取得经济独立后仍然如此卖命地工作呢？答案只有一个，那就是，完全超越了自我的团体意识。这种团体意识，已在微软公司落地生根。微软人认为，他们不属于自己，而是从属于某种特别的东西——“微软”这个团体。比尔·盖茨在谈到这种团队意识时说了一段耐人寻味的话："这种共创卓越的团队意识营造了一种刻苦向上的创造氛围，在这种氛围中，人们的开拓性思维不断涌现，员工的潜能得以充分发挥。"在微软，你不但享有公司的全部资源，同时还拥有一个能使自己大显身手、发挥重要作用的小而精的班级或部门。每一个人都有自己的主见，而能使这些主见变成现实的则是微软这个团队。

事实上，那些基业长青的企业都拥有共创卓越的团体意识，甚至可以说，是否拥有这种团队精神乃是企业能否永续光辉的根本；因此，世界500强公司都在着力追求和培养把个人的创造力融于集体协作中的团队精神。

近年来在国内十分盛行的拓展训练，主要是通过体验式训练和模拟场景训练来提升团队合作精神，其中有一个项目十分经典，叫盲阵。在一块空地上，将一队人蒙上眼睛，交给他们一根长绳子，要他们在规定时间内把绳子拉成一个正方形。起初大家往往会乱成一团糟，各有自己的主张，自由走动，你推我撞，你叫我喊，乱成一片。经过一段纷乱无谓的争吵，大家渐渐明白：必须确立一名优秀者为团队领袖，以智者为助手，统一意志、统一目标、统一行动，大家都能自觉地做到令行禁止，各负其责，才能完成这个简单的游戏。

团体意识并非什么高尚的利他主义，事实上，人们的做法是一种非常切合实际的举措。专业分工时代，人们必须花更长的时间投身于工作；在工作中，如果专长不能得以发挥，自身的价值就得不到充分体现，个人也就无法从工作中得到乐趣。最重要的是让人们感觉到自己真正置身于一个彼此尊敬、相互信任、志同道合的家庭似的团体之中。换言之，除非大家都感到自己亦为团体之一员，否则，生产效率就难以保证。

有关调查显示：团队精神、忠诚度、创新能力和沟通表达能力是跨国公司在选才时最看重的四项特质。摩托罗拉（中国）有限公司的用人标准是：诚信、勤奋、富于创造性、有团队精神。法国斯伦贝谢公司是一家从事石油勘探及原油开采、加工及设备销售等方面业务的大型跨国公司，它在考察员工时注重的是：创新意识、语言表达能力、动手操作能力、团队精神。中关村是中国人才最密集的地区，用人单位挂在嘴边最多的一个词就是综合素质，并且认为一个高素质人才至少应具备敬业精神、创新能力、团队精神。

那么究竟什么是团队精神？团队精神其实就是企业里的这样一种氛围：

它能够不断地释放团队成员潜在的才能和技巧；能够让员工深感被尊重和被重视；鼓励坦诚交流，避免恶性竞争；用岗位找到最佳的协作方式；为了一个统一的目标，大家自觉地认同必须担负的责任和愿意为此而共同奉献。团队精神既是实干精神，也是奉献精神和协作精神的统一。团队精神需要团队中的每一位成员共同学习和共同创造，且强调共同的责任、效益和业绩。一个具有良好团队精神的组织能够使其成员潜在的才能与主动性、创造性不断地被释放。团队成员之间具有良好沟通、交流和合作的能力，为了实现一个统一的目标，大家能够自觉地认同与承担责任并愿意为此协同合作共同奉献。

与群体相比，团队更强调共同的责任、效益和业绩。在具有团队精神的团队里，团队成员潜在的才能和技巧能够不断地被释放；团队成员能够深感被尊重和重视；为了一个统一的目标，大家能够自觉地认同必须担负的责任并愿意为此而共同奉献；它强调个人利益服从整体利益，但并非不承认个人利益，更不是要抹煞个人利益；它特别强调团队成员要具有与人沟通、交流和合作的能力。

→ 跻身高效的“臭皮匠”团队

三个“臭皮匠”是如何赛过足智多谋的诸葛亮的呢？毫无疑问，因为三个或更多的“臭皮匠”实现了取长补短，集合众人之长，精诚协作。一个高效团结的团队是如今这个日渐复杂的商业社会所必需的。

◆ 能力结构互补

在硅谷流传着这样一个法则：两个 MBA 和 MIT 博士组成的创业团队几乎是获得风险投资人青睐的保证。一个优势互补的团队对于企业发展举足轻重，研发、技术、市场、融资等各方面组成的一流的合作团队则是成功的法宝。

但是，是不是说由一流的聪明人组成的团队一定成功呢？答案令人大跌眼镜：95%的“聪明型”企业都失败了，成功的只是少数的5%。这种现象被戏称为“阿波罗现象”。聪明人最大的特点是有自己的主见，容易各自为政，这种团队的组合是乌合之众，不堪一击。

相反，高效的团队是由一群有能力的成员组成的，他们具备实现理想目标所必需的技术和能力，而且有相互之间能够良好合作的个性品质，从而出色地完成任务。一个优秀团队需要有3种不同类型的人：一种是技术型成员，具备完成团队任务所必需的专业知识和技能；一种是决策型成员，能够发现问题，提出解决方案，并能够加以权衡做出理智选择；一种是公关型成员，善于聆听、反馈、解决冲突以及具备处理人际关系的技能。

实际运作中的团队往往需要员工扮演8种不同角色，对照一下，你属于哪一类呢?

——创造者：产生创新思想的领导人。一般来说，要胜任这种角色必须富有想像力，对行业趋势有独到的预见能力，善于提出新观点或新概念，独立性较强。

——倡导者：积极倡导领导人所产生的新思想。他们乐于接受、支持新观念，在创新者提出新创意之后，他们擅长利用这些新创意，并找到资源支持新创意。

——组织者：提供结构，他们会设定目标，制定计划，组织人力，建立起种种制度，以保证按时完成任务。

——生产者：提供指导并坚持到底，他们坚持按时完成任务，保证所有的承诺都能兑现，他们引以为荣的是：自己生产的产品合乎标准。

——核查者：检查具体细节，他们善于核查细节，并保证避免出现任何差错。

——支持者：处理外部冲突和矛盾，他们在支持团队内部成员的同时会积极地保护团队不受外来的侵害，他们能够增强团队的稳定性。

——建议者：寻求全面的信息，他们在鼓励团队作决定之前充分搜集信息，而不是匆忙决策，起着非常重要的作用。

——联络者：倾向于了解所有人的看法，他们是协调者，是调查研究者，不喜欢走极端，而是尽力在所有团队成员之间建立起合作关系。

◆ 沟通：团队精神的黏合剂

小宏明天就要参加中学毕业典礼了，怎么也得打扮精神点儿，把这一美好时光留在记忆之中。于是他高高兴兴上街买了条裤子，可惜裤子长了两寸。吃晚饭的时候，趁奶奶、妈妈和嫂子都在场，小宏把裤子长两寸的问题说了一下，饭桌上大家都没有反应。饭后大家都去忙自己的事情。

妈妈睡得比较晚，临睡前想起儿子明天要穿的裤子还长两寸，于是就悄悄地把裤子剪了两寸，叠好放回原处。半夜里，狂风大作，窗户“哐”的一声关上把嫂子惊醒。嫂子猛然想起小叔子的裤子长两寸，自己辈分最小，怎么着也该自己去做。于是她披衣起床找来剪刀，将裤子“多余”的两寸剪去，办好之后她满意地入睡了。老奶奶一向早睡早起，每天一大早醒来给小孙子做早饭上学。水还没有开的时候她也想起孙子的裤子长两寸，于是快刀斩乱麻，一声“咔嚓”，小宏的裤子又缩了两寸。最后，小宏只得穿着短四寸的裤子去参加毕业典礼了。

在一个团队里，虽然每个人都能认识到大家的基本利益是一致的，认识到协作对一个团队的重要性，但也不可避免地会产生矛盾、隔阂和误会，这时沟通就成为救治这方面问题的灵丹妙药了。有效的沟通和协调能及时消除人们之间的分歧、误会和成见。但是在沟通过程中，人们往往存在一些认识误区：一是人们一般更注重自己的看法，而不能容忍另类思维。其实，在追寻真理的过程中，人们在不断重复着瞎子摸象的游戏，带有很强的片面性，或者摸到了腿，或者摸到了鼻子，只有把这些整合起来，我们才能距真理更接近一些。怎样才能做到？沟通。二是一些人放不下架子，总认为自己的见识高人一等，这样很难与人有效沟通。须知术业有专攻，尤其在这知识爆炸的时代，在一个领域你是专家，换个领域说不定你就是小学生了。三是一些人有自卑心理。总觉得自己是小角色，职位低，见识浅。实际上有了红花还需要绿叶，有了大树，小草还有存在的价值。沟通中，远离的是误会、怀疑、猜忌和敌意，拥抱的是共识、理解、信任和友谊。

融入活力团队的表现

→ 发现团队工作的意义

古希腊哲学家苏格拉底说过："不懂得工作真义的人常视工作为劳役，则其心身亦必多苦痛。"一个人在团队中工作最可惜的就是自己的力量被抑制得不到发挥，原因有很多，欠缺对团队的归属感是其中最主要的。缺乏归属感的人，只是为工作而工作，丝毫体会不到在团队中大家为着共同目标奋斗的工作激情。

一个人工作的最大动力不是职位、也不是薪酬，而是来自真心喜欢他的工作与角色所激发出来的自发性和自主性。如果你认同团队价值和目标，那么你将从融洽的人际环境中感受到工作的独特价值，也就是说，能从团队成员的合作关系中找到工作的意义，由此激发全心全意投入其中的工作积极性。一个团队要拥有这样优质的成员，团队沟通是不可欠缺的，管理者要不吝啬于将团队的目标方向明确地告知成员，将团队的价值观分享给成员，让成员认同团队并且对团队有归属感及明了工作的意义，成员愈清楚团队的目标与价值观就愈强化其使命感、愿意为团队奉献、诚心诚意融入团队中。

在正大青春宝的生产部门中，有位生产线上的作业员，她的主要工作是负责将翻倒的瓶子捡起来以确保生产线不会阻塞。这个工作有点像交通警察，不同的是她得整天盯着生产线看。这原本是非常枯燥乏味的工作，但是当她真正认识到自己是杰出团队的一分子后，她的工作态度有了极大的转变。

她说："以前我总是很骄傲地说我是在必治妥施贵宝公司工作，当然了，当别人问到我具体负责什么工作时，我就开始转变话题，因为，对我来说，要告诉别人我是生产线作业员很难为情。现在情况完全不一样了，当有人问起同样的问题时，我会说我是团队的一分子，而我们的责任就是，以最合理的成本为全世界的婴儿与母亲制造出品质最好的产品。”

两者之间的差异在于，以前这位女士只是在她单调的工作岗位上埋头苦干，现在她清楚地知道团队的目标，她开始感受到自己这份工作的意义，努力地提升工作品质与生产力，并且对这样的新角色感到自豪。

雅戈尔的一名缝纫女工，她说每天来上班“不是来缝衬衫的袖子，而是在创造一个更美丽的世界”。香格里拉饭店的清洁人员说她们“以身为服务绅士淑女的绅士淑女为荣”，因为她们认识到自己不只是单纯的清洁人员，而是向客户（也就是绅士淑女）提供高品质服务的绅士淑女。她们都深刻地体认到她们工作的真正意义，认清她们与整个组织的关系，组织的使命也变成是她们的使命。

这些人在对自己原本卑微工作的认识上产生了本质上的变化。同样的工作内容和方式，融入了团队意识带给他们的则是心态上精神上的巨大改变，原本单调的工作升华为精致的服务，由工作的本体转变到广大顾客的福祉上，因为他们了解并掌握工作的意义，他们成为工作的真正拥有者。

“我有一个坚定不移的信念，确知人类最迫切需要解决的问题就是为自己塑造一套正确、积极的思考方式。如果能做到这点，即能顺利地解决所有的困境与难关。”卡内基如是说，“赋予工作以意义就能产生正确与积极的思考方式。”

→ 培养你的合作能力

随着知识型员工的增多，以及工作内容中智力成分的增加，越来越多的工作需要团队合作来完成。传统的组织管理模式和团队协作模式最大的区别在于，团队更加强调团队中个人的创造性发挥，以及团队整体的协同工作。团队协作模式对个人的素质有较高的要求，成员除了应具备优秀的专业知识以外，还应该有优秀的团队合作能力，这种合作能力，有时甚至比成员的专业知识更加重要。

作为团队中的一员，你应该从哪几个方面来培养自己的团队合作能力呢？

——寻找团队积极的品质

在一个团队中，每个成员的优缺点都不尽相同。你应该主动去寻找团队成员中积极的品质，学习它，并克服你自己的缺点和消极品质，让它在团队合作中被弱化甚至被消灭。团队强调的是协同工作，一般没有命令和指示，所以团队的工作气氛很重要，它直接影响团队的工作效率。如果团队的每位成员，都主动去寻找其他成员的积极品质，那么团队的协作就会变得很顺畅，工作效率就会提高。

——对别人寄予希望

每个人都有被别人重视的需要，那些具有创造性思维的知识型员工，更是如此。有时一句小小的鼓励和赞许，就可以使他释放出无限的工作热情。

——时常检查自己的缺点

你应该时常检查一下自己的缺点，比如，还是不是那么冷漠，言辞还是不是那么锋利。在单兵作战时，这些缺点可能还能被忍受，但在团队合作中，他会成为你进一步成长的障碍。

团队工作需要成员在一起不断地讨论，如果你固执己见，不听取他人的意见，或无法和他人达成一致，团队的工作就无法进行下去。团队的效率在于配合的默契，如果达不成这种默契，团队合作就不可能成功。如果你意识到了自己的缺点，不妨就在某次讨论中，将它坦诚地讲出来，承认自己的缺点，让大家共同帮助你改进，这是最有效的方法。当然，当众承认自己的缺点可能会让你感到比较尴尬，但你不必担心别人的嘲笑，因为一般人只会给你理解和帮助。

——让大家喜欢你

你的工作需要得到大家的支持和认可，而不是反对，所以你必须让大家喜欢你。但一个人又如何让别人来喜欢你呢？除了和大家一起工作外，你还应该尽量和大家一起去参加各种活动，或者礼貌地关心一下大家的生活。总之，你要使大家觉得，你不仅是他们的好同事，还是他们的好朋友。

——保持足够的谦虚

任何人都不喜欢骄傲自大的人，这种人在团队合作中也不会被大家认可。你可能会觉得自己在某个方面比其他人强，但你更应该将自己的注意力放在他人的强项上，只有这样，你才能看到自己的肤浅和无知。因为团队中的任何一位成员，都可能是某个领域的专家，所以你必须保持足够的谦虚。谦虚会让你看到自己的短处，这种压力会促使你在团队中不断地进步。

——学会赞赏别人

爱受表扬是人类的天性，人人都喜欢正面激励，而不喜欢负性打击。虽说拍马屁拍在蹄子上是件很尴尬的事情，但在现实生活中，又有多少人见过这样的情况？即使真的拍在蹄子上了，被拍者恐怕也是高兴的。人际交往中，有这样的不等式：赞赏别人所付出的要远远小于被赞赏者所得到的。在人际交往中如果人人都乐于赞赏他人，善于夸奖他人的长处，那么，人际间的愉快度将会大大增加。

赞美他人会使别人愉快，更会使自己身心健康。被赞美者的良性回报会使我们更为自信，也会使我们更有魅力，形成人际关系的良性循环。吝惜于夸奖他人者很难获得他人的拥戴，从而加重了自身的自卑。

赞赏别人，特别应该注意几个方面：

赞赏要真诚：要善于从理解的角度真诚地赞赏别人。

赞赏要及时：值得表彰的行为、事迹发生的时间及给予表彰和授予荣誉的时间间隔越短，激励的效果越好。

赞赏要适度：赞赏太多或赞赏太少，都起不到应有的作用，所以要适度。

赞赏要有针对性：赞赏的内容要针对具体成就，而不能笼统地泛泛而谈。

赞赏要有艺术性：为使赞赏发挥应有的效应，管理者应讲究赞赏的艺术。

→ 抑制侵害团队健康的毒素：战胜嫉妒

嫉妒心理属于一种内心情绪体验，源于不正确的比较。和他人比较的结果是造成心理不平衡，为了消除这种痛苦，人们采取消极的方式加以补偿。不满、怨恨、烦恼、恐惧等消极情绪和嫉妒形影不离。

不同的嫉妒心理有不同的嫉妒内容，但主要是在四个方面表现得尤为突出——名誉、地位、钱财、爱情。有的还表现为一种综合性的嫉妒，即只要是别人所有的，都在其嫉妒范围之内。

嫉妒的具体特征表现在：

明显的对抗性

古希腊斯葛多派的哲学家认为“嫉妒是对别人幸运的一种烦恼”。嫉妒心理的对抗特征具有明显的攻击性，其攻击目的在于颠倒被攻击者的形象，甚至由于嫉妒使道德天平倾倒。

明确的指向性

嫉妒心理的指向性往往产生于同一时代、同一部门的同一水平的人群之中。这是因为嫉妒心理具有一种以极端自私为核心的绝对平均主义倾向。因为曾经“平起平坐”，或是曾经“不如自己”的人，如今成了“能干”者，这会使嫉妒者产生抵触和对抗。

不断发展的发泄性

一般说来，除了轻微的嫉妒表现为内心的怨恨而不付诸于行动外，大多数的嫉妒心理都伴随着发泄性行为。表现为言语上的冷嘲热讽，行为上的冷淡，和距离上的疏远。

不易察觉的伪装性

由于社会道德的威力，嫉妒心理为大多数人所不齿，所以一般人不愿直接表露出嫉妒，在行为总是“声东击西”，如本来是嫉妒某人的某一方面，却不敢直言，而拐弯抹角地从另一方面进行指责或攻击。

嫉妒心理会直接影响人的情绪和积极奋进精神，使人产生偏见，影响人际关系和身心健康。在工作团队中，不同员工因其能力个性差异会被赋予不同职位，由此带来薪水待遇方面的差别，处于劣势的人很可能将心里的怨气通过工作中的拖拉、扯皮流露出来。这么做是很不明智的，正确的做法应当是结合个人的实际情况，有意识地提高自己的思想修养水平，消除和化解嫉妒心理。

胸怀大度，宽厚待人

19 世纪初，肖邦从波兰流亡到巴黎。当时匈牙利钢琴家李斯特已蜚声乐坛，而肖邦还是一个默默无闻的小人物。然而李斯特对肖邦的才华却颇为欣赏。怎样才能使肖邦在观众面前赢得声誉呢？李斯特想了个妙法：那时候在钢琴演奏时，往往要把剧场的灯熄灭，一片黑暗，以便使观众能够聚精会神地听演奏。李斯特坐在钢琴面前，当灯一灭，就悄悄地让肖邦过来代替自己演奏。观众被美妙的钢琴演奏征服了。演奏完毕，灯亮了。人们既为出现了这位钢琴演奏的新星而高兴，又对李斯特推荐新秀深表钦佩。

自知之明，客观评价自己

当嫉妒心理萌发时，或是有一定表现时，能够积极主动地调整自己的意识和行动，从而控制自己的动机和情感。这就需要冷静地分析自己的想法和行为，同时客观地评价一下自己，从而找出一定的差距和问题。当认清了自己后，再重新审视别人，自然也就能够有所觉悟了。

快乐之药可以治疗嫉妒

快乐的心药可以治疗嫉妒，是说要善于从生活中寻找快乐，就像嫉妒者随时随处为自己寻找痛苦一样。如果一个人总是想：比起别人可能得到的欢乐来，我的那一点快乐算得了什么呢？那么他就会永远陷于痛苦之中，陷于嫉妒之中。快乐是一种情绪心理，嫉妒也是一种情绪心理。何种情绪心理占据主导地位，主要靠自己来调整。

少一分虚荣就少一分嫉妒

虚荣心是一种扭曲了的自尊心。自尊心追求的是真实的荣誉，而虚荣心追求的是虚假的荣誉。对于嫉妒心理来说，它要的是面子，不愿意别人超过自己，以贬低别人来抬高自己。这是一种虚荣，一种空虚心理的需要，所以克服一分虚荣就会少一分嫉妒。

【自测自评】你的团队合作指数

A君在公司向来以听话的好员工的形象而被老板喜欢，老板有什么事吩咐一声就行了，哪怕是同事请他帮忙也不好推托，自己总是不由分说地接受下来。事情做好了，也总觉得是应该的，从不喜欢去争什么。可时间长了，A君发现自己原来大部分时间都在做自己不喜欢的甚至是不很相关的事，再与朋友比比，却发现别人都早已在某些方面有些特长了，而自己好像还是老样子，结果越来越不知道自己是谁了，迷失了方向。

而B君，向来以有主见、能力强著称。认定的事，哪怕老板反对，也常会努力说服之。但自己怎么也弄不明白，为什么自己一直得不到重用。常常弄得自己在要不要跳槽这个问题上烦躁不安。

A、B两种人在公司里都是具有代表性的，以下问题用来测试“谦虚顺从、好强固执”这个性格纬度的情况。认真做好后，即可了解到自己在该方面的情况了。

1. 在组织中我总是不敢大胆批评别人的言行：

A 是的　　B 有时如此　　C 不是的

2. 我对于工作的思路似乎是：

A 比较先进　　B 一般　　C 比较保守

3. 当我在工作上说谎时，总是觉得内心羞愧，不敢正视对方：

A 是的　　B 不一定　　C 不是的

4. 我觉得在职场中我确实有一些别人所不及的优良品质：

A 是的　　　　　B 不一定　　　　　C 不是的

5. 根据我的实力，即使让我做一些平凡的工作，我也会安心的：

A 是的　　　　　B 不太确定　　　　C 不是的

6. 在工作中我不太喜欢争强好胜的人：

A 是的　　　　　B 介于两者之间　　C 不是的

7. 在日常工作中，如果我的意见与老板的不同，我常常：

A 保持沉默　　　B 不一定　　　　　C 当场表明我的立场

8. 如果我急于想借同事的东西，而同事又不在座位时，我认为先斩后奏也没有什么关系：

A 是的　　　　　B 介于两者之间　　C 不是的

9. 如果我到一个新的城市出差，我将要：

A 到处闲逛　　　B 不确定　　　　　C 避免去不安全的地方

10. 因为我对于一切工作上的问题都有一些见解，所以大家认为我是一个有头脑的人：

A 是的　　　　　B 介于两者之间　　C 不是的

注：1、3、5、6、7 题 ABC 选项分值分别为 0、1、2；其他题分别为 2、1、0。

评价

以上 10 题在人群中最高分为 20 分，最低分为 0 分，得分越高表明越是好强和固执，在团队中比较倾向于单干，得分越低表明你就越是个谦虚低调的人，比较注重团队合作。

【习惯训练】团队沟通训练

◆ **沟通无极限**

提高沟通能力，无非是两方面：一是提高理解别人的能力，二是增加别人理解自己的可能性。那么究竟怎样才能提高自己的沟通能力呢？心理学家经过研究，提出了一个提高沟通能力的一般程序。

1. 一般步骤

（1）开列沟通情境和沟通对象清单

这一步非常简单。闭上眼睛想一想，在你的工作和生活中，你可能会在哪些情境中与人沟通，比如学校、家庭、工作单位、聚会以及日常的各种与人打交道的情境。想一想，你都需要与哪些人沟通，比如朋友、父母、同学、配偶、亲戚、领导、邻居、陌生人等等。开列清单的目的是使自己清楚自己的沟通范围和对象，以便全面地提高自己的沟通能力。

（2）评价自己的沟通状况

在这一步里，问自己如下问题：

- 对哪些情境的沟通感到愉快？
- 对哪些情境的沟通感到有心理压力？
- 最愿意与谁保持沟通？
- 最不喜欢与谁沟通？
- 是否经常与多数人保持愉快的沟通？
- 是否常感到自己的意思没有说清楚？
- 是否常误解别人，事后才发觉自己错了？
- 是否与朋友保持经常性联系？
- 是否经常懒得给人写信或打电话？

……

客观、认真地回答上述问题，有助于你了解自己在哪些情境中、与哪些人的沟通状况较为理想，在哪些情境中、与哪些人的沟通需要着力改善。

（3）评价自己的沟通方式

在这一步中，主要问自己如下三个问题：

- 通常情况下，自己是主动与别人沟通还是被动沟通？
- 在与别人沟通时，自己的注意力是否集中？
- 在表达自己的意图时，信息是否充分？

主动沟通者与被动沟通者的沟通状况往往有明显差异。研究表明，主动沟通者更容易与别人建立并维持广泛的人际关系，更可能在人际交往中获得成功。

沟通时保持高度的注意力，有助于了解对方的心理状态，并能够较好地根据反馈来调节自己的沟通过程。没有人喜欢自己的谈话对象总是左顾右盼、心不在焉。

在表达自己的意图时，一定要注意使自己被人充分理解。沟通时的言语、动作等信息如果不充分，则不能明确地表达自己的意思；如果信息过多，出现冗余，也会引起信息接受方的不舒服。最常见的例子就是，你一不小心踩了别人的脚，那么一声"对不起"就足以表达你的歉意，如果你还继续说："我实在不是有意的，别人挤了我一下，我又不知怎的就站不稳了……"这样啰嗦反倒令人反感。因此，信息充分而又无冗余是最佳的沟通方式。

(4) 制订、执行沟通计划

通过前几个步骤，你一定能够发现自己在哪些方面存在不足，从而确定在哪些方面重点改进。比如，沟通范围狭窄，则需要扩大沟通范围；忽略了与友人的联系，则需写信、打电话；沟通主动性不够，则需要积极主动地与人沟通等等。把这些制成一个循序渐进的沟通计划，然后把自己的计划付诸行动，体现在具体的生活小事中。比如，觉得自己的沟通范围狭窄，主动性不够，你可以规定自己每周与两个素不相识的人打招呼，具体如问路，说说天气等。不必害羞，没有人会取笑你的主动，相反，对方可能还会欣赏你的勇气呢！

在制订和执行计划时，要注意小步子的原则，即不要对自己提出太高的要求，以免实现不了，反而挫伤自己的积极性。小要求实现并巩固之后，再对自己提出更高的要求。

(5) 对计划进行监督

这一步至关重要。一旦监督不力，可能就会功亏一篑。最好是自己对自己进行监督，比如用日记、图表记载自己的发展状况，并评价与分析自己的感受。

计划的执行需要信心，要坚信自己能够成功。记住：一个人能够做的，比他已经做的和相信自己能够做的要多得多。

2. 身体语言沟通的改善

我们已经了解身体语言在人际交往中的作用。然而，真正将身体语言有效地运用到人际交往中去却不是一件很容易的事。这需要我们做两件事情：一是理解别人的身体语言，二是恰当使用自己的身体语言。

（1）理解别人的身体语言

身体语言比口头语言能够表达更多的信息，因此，解读别人的身体语言是理解别人的一个重要途径。从他人的目光、表情、身体动作与姿势，以及彼此之间的空间距离中，我们都能够感知到对方的心理状态。了解了对方的喜怒哀乐，我们就能够有的放矢地调整我们的交往行为。但是，理解别人的身体语言必须注意以下几个问题：

- 同样的身体语言在不同性格的人身上意义可能不同
- 同样的身体语言在不同情境中意义也可能不同
- 要站在别人的角度来考虑
- 要培养自己的观察能力
- 不要简单地下结论

同样的身体语言在不同性格的人身上意义可能不同。一个活泼、开朗、乐于与人交往的女孩子，在与你交往时会运用很丰富的身体语言，不大在乎与你保持较近的距离，也时常带着甜蜜的表情与你谈话。但是，这可能并没有任何特殊的意义，因为她与其他人的交往也是这个样子。然而换成一个文静、内向的女孩子，上述的信息可能就意味着她已经开始喜欢你了。

相类似的，解释别人的身体语言还要考虑情境因素。同样是笑，有时候是表示好感，有时候是表示尴尬，而有的时候又表示嘲讽，这都需要我们加以区别。

理解别人的身体语言，最重要的是要从别人的角度上来考虑问题。要用心去体验别人的情感状态，也就是心理学上常讲的要注意“移情”。当别人对你表情淡漠，很可能是由于对方遇到了不顺心的事，因此不要看到别人淡漠就觉得对方不重视你。站在别人的角度，替别人着想，才能使交往更富有人情味儿，使交往更深刻。

需要注意的是，要培养自己敏锐的观察力，善于从对方不自觉的姿势、目光中发现对方内心的真实状态。不要简单地下结论。比如，中国人喜欢客套，当来做客的人起身要走时，往往极力挽留，然而很多时候，这些挽留都并非出自诚意，我们从主人的姿势上是可以看出来的，口头上慢走，却早已摆出了送客的架式。

（2）恰当使用自己的身体语言

恰当使用自己的身体语言，要求我们做到以下几点：

- 经常自省自己的身体语言
- 有意识地运用身体语言
- 注意身体语言的使用情境
- 注意自己的角色与身体语言相称
- 注意言行一致
- 改掉不良的身体语言习惯

自省的目的是我们检验自己以往使用身体语言是否有效，是否自然，是否使人产生过误解；了解了这些，有助于我们随时对自己的身体语言进行调节，使它有效地为我们的交往服务。不善于自省的人，经常会产生问题。有的性格开朗的女孩，她们在和异性交往中总是表现得很亲近，总是令人想入非非。我的一个朋友就遇到过一个这样的女孩，结果害得这位朋友陷入单相思，烦恼不堪。而实际上，女孩根本就没有什么特别的意思。对于我的朋友而言，他应该增强对别人的身体语言的理解能力，避免产生误解；而那个女孩则应该自省，自己是否总是使人产生误解，如果是，则应注意检点自己的行为。如果不注意自省，可能很危险。

我们可能会注意到，那些比较著名的演说家、政治家，都很善于运用富有个人特色的身体语言。这些有特色的身体语言并不是与生俱来的，都是经常有意识地运用的结果。

身体语言的运用一定要注意与自己的角色以及生活情境相适应。北京某名牌大学的一个毕业生，到一家公司去求职。在面试时，这位自我感觉良好的大学生一进门就坐在沙发上，翘起二郎腿，还不时地摇动。如果在家里，这是个再平常不过的姿势，而在面试的情境中，则很不合适。结果，负责面试的人连半个问题也没有问，只是客气地说："回去等消息吧。"最终的结果可想而知，他失去了一个很好的工作机会。

改变不良的身体语言的意义，是消除无助于沟通反而使沟通效率下降的不良的身体语言习惯。有人在与人谈话时，常有梳理头发、打响指等习惯，有的人还有掏耳朵、挖鼻孔的小动作，这些都会给人家留下不好的印象，有时会让人觉得很不礼貌。同时，这些无意义的身体语言会分散对方的注意力，会影响沟通的效果。

真诚是一种美德，而言行一致则是真诚的体现。口头语言与身体语言不一致，会使人觉得你很虚伪，就如口说留客，身体语言已经送客一样。你必须记住，你什么也掩藏不了，你的眼睛早已说明了一切。

◆ 沟通中体态语言的运用

目光接触：诚恳而沉稳地看着对方。和一个人谈话时，维持五至十五秒的目光接触。假如你是面对一个团体谈话，眼睛要轮流和每个人的目光接触，每一次约五秒钟。不要让你的眼睛转来转去，也不要刻意放缓速度地眨眼睛。为了避免紧盯着对方，我们可以将视线放在对方的眉宇间，这样不会太尴尬。

姿势与动作：挺直站立，放松自己，自然而轻松地移动。抬头挺胸，肩膀、臀部和双腿站成一直线，让你的精神向前倾注。切记不要双臂环抱，两手交叉，这些都是封闭和防御的肢体语言，最自然的方式是两手自然下垂，放在腰际。保持良好的坐姿，脊椎挺直，上身略微前倾，手放置椅背上，不要随意滑动。你的双手与手臂的动作尤其重要，柔和的手势表示友好、商量，强硬的手势则意味着"我是对的，你必须听我的"。

脸部表情：谈话时要轻松自然，合适的话，记得要微笑。微笑表示友善礼貌，皱眉表示怀疑和不满意。

衣着与仪表：穿着方式并没有对错之分，但你必须觉得自己的打扮恰如其分，整洁大方、舒适得体。

因此你的衣着必须遵守 TPO 原则（时间 TIME，地点 PLACE，场合

OCCASION）。在衣服的色彩搭配上，一般来说，黑、白、灰三色是配色中最安全的颜色。

声音与语气：将你的声音当成工具。带着精力与热诚，设法让语调、节奏和声音的大小有所变化。吸引注意力使用合宜与清楚的语言，中间或有停顿，抑扬顿挫表明热情，突然停顿是为了造成悬念。要直接而中肯，避免使用专业术语、充场面的话和太过招摇的言论。一般来讲，20 字左右最易使对方明白你需要表达的主要观点。

◆ **上下级的交谈技巧**

一般说来，人们在与自己同等级、同层次的人讲话时，表现比较正常，行为举止都会比较自然、大方。但是，在与比自己职位高的人交往时，就可能感到紧张，表现得比较拘谨，甚至有些自卑；相反，在与职位低于自己的人讲话时，就会表现得比较自如、自信，甚至比较放肆。

有的人在自己的上级面前从不敢“妄言”，可是面对平级同事却能谈吐落落大方。有的则在一般人面前总是摆出一副能者的架势，可是一见到权威就显得十分驯服和虔诚。

因此，上下级之间的讲话，上级要力求避免采取自鸣得意、命令、训斥、役使下级的口吻说话，而是要放下架子，以平易近人的方式对待下级。这样，下级才会向你敞开心扉。谈话是双边活动，只有感情上的贯通，才谈得上信息的交流。

平等的态度，除说话本身的内容外，还通过语气、语调、表情、动作等体现出来。所以，不要以为这是小节，纯属个人的习惯，不会影响上下级的谈话。实际上，这往往关系到下级是否敢向你接近。此外，上级同下级谈话时，要重视开场白的作用。不妨与下级先拉几句家常，以便使感情接近，打掉拘束感。

上级同下级说话时，不宜作否定的表态：“你们这是怎么搞的?”“有你们这样做工作的吗?”在有必要发表评论时，应当掌握分寸。点个头，摇个头都会被人看做是上级的“指示”而贯彻下去，所以，轻易的表态或过于绝对的评价都容易失误。

如上级认为下级的汇报中有什么不妥，表达更要谨慎，尽可能采用劝告或建议性的措词："这个问题能不能有别的看法，例如……""不过，这是我个人的意见，你们可以参考。""建议你们看看最近到的一份材料，看看有什么启发?"这些话，起了一种启发作用，主动权仍在下级手中，对方容易接受。

下级对上级说话，则要避免采用过分胆小、拘谨、谦恭、服从，甚至唯唯诺诺的态度讲话，改变诚惶诚恐的心理状态，而要活泼、大胆和自信。下级跟上级说话，成功与否，不只影响上级对你的观感，有时甚至会影响你的工作和前途。跟上级说话，要尊重，要慎重，但不能一味附和。"抬轿子"、"吹喇叭"等等，只能有损自己的人格，却得不到重视与尊敬，倒很可能引起上级的反感和轻视。在保持独立人格的前提下，你应采取不卑不亢的态度。在必要的场合，你也不必害怕表示自己的不同观点，只要你从工作出发，摆事实，讲道理，领导一般是会予以考虑的。

还应该了解上级的个性。上级固然是领导，但他首先是一个人。作为一个人，他有他的性格、爱好，也有他的语言习惯等。如有些领导性格爽快、干脆，有些领导则沉默寡言，事事多加思考，你必须了解清楚，不要认为这是"迎合"，这正是运用心理学的一种学问。

此外，与上级谈话还要选择有利时机。上级一天到晚要考虑的问题很多。所以，假若是个人琐事，就不要在他埋头处理大事时去打扰他。你应该根据自己的问题重要与否，去选择适当时机反映。

◆ 办公室的相处伦理

1. 与平级的相处之道

平级之间的相处，不可猜疑、不能妒忌、不得轻视、不要攻击，但应当有公平的竞赛、合理的进退。要把平级当做互助互惠的伴侣，而不是比高比低的对手。

人与人相处，主要是诚恳、同情、关怀、尊敬，这几个方面应该对于任何立场的人都是很重要的。因为人人都希望不受骗，只要受骗过一次，下一次就不会相信你。但是有一些人喜用手腕，即一般所谓的用“术”来待人，用“术”来与人相处，短时间会有许多的便利，时间一久，他们的伎俩被识破之后，人家就会害怕与他们相处。善用术的人，沟通的时候会耍弄手腕，运作的时候会用手腕，让你不自觉被他套住。因为他用术的时候，就是利用别人的弱点，利用自己的长处来控制人。

诚恳是真心的，欺诈则不是真心的，这是非常重要的，诚恳就是要谅解他人、关怀他人、尊重他人，获得他人的信赖。对一般平级，若能多多付出你的关怀、同情和谅解，他们也同样会给你多一份关怀、同情和谅解，但也有少数人不会给你回馈，甚至会认为你所做的关怀是应该的。然而，真的要与朋友、同事相处得很融洽，主动地付出你的关怀、同情、谅解，是非常必需的。

2. 与部属的相处之道

首要是尊重部属，不要把他们当成工具来看待，也不要把他们当成你升职牟利的垫脚石。部属是共事互利的伙伴，大家在一起共事也是有缘，犹如自己的手足，所以你应当希望帮助他们成长，要不断地给他们关心、照顾和提拔，处处为他们设想，替他们解决困难、承担责任。虽然有些人是提携不起来的，因为限于先天的资质、条件，任凭你怎么训练他，他就是无法自立、自主。但是，一家公司，和人体一样，五脏六腑缺一不可；如同一部机器，有大的齿轮，也要有小的齿轮，要有大的螺丝钉，也要有小的螺丝钉；所以还是要一视同仁地关怀他们，维护他们的身心健康、促使他们在工作职务上愉快胜任。

3. 与主管的相处之道

至于如何与主管相处？做主管的人，多半喜欢属下跟他们有良好的默契，能为他们分劳分忧，不会向上顶撞抗争，为他们少制造一些麻烦，多一点帮助。因此，做属下的人应该多替主管设想，在工作上遇到困难时，首先要自行克服，不要时常提出问题让主管头痛。主管交办的任务，如果时间不是很匆促，最好能自己用心去研究，尽力去考察，以全心全力来完成任务，拟妥几个可行方案，提供主管参考及选择，并请示主管。不要把任何问题都推给主管去处理，发生了任何情况，不要都等待主管来解决。因为主管需要的助理，是能够帮他们分担责任与工作的人，而不是时常找他们麻烦的人，何况只有经办人自己才对他所经办的工作最熟悉，要不然，主管何必选择任用他呢？

身为部属的人遇事都当为主管阶层的人设想，而且要为他们分担部分责任，不要尽把责任、过失推到上层主管身上去。中间主管也不要轻易运用上层的权威，任何事情都说这是上面交待要这样办的，经常不替上级负责任，只管传达命令说，这是老板讲的、这是老板的要求、这是老板的意思；应该要说，这是经过决策层或管理层召开会议决定的，依实际的情况，需要这样子做。一个机构的决策层或管理层，大概包含有董事长、总经理、主管群、顾问群等，最高的、最后的决策当然是老板的意见，虽有其主观的成分，但是也必有其客观的因素。因此已经通过中层主管而提出的意见，中层主管就不可以说，这是老板要交办的事了。

中层主管平日则要常常对属下说，这是老板对员工们的关怀，这是老板说的公司理念，这是老板的经营哲学，这是老板对员工们的勉励，这是老板希望完成的社会责任等。这样做会将老板巩固成这个机构的领导中心，是精神的、方向的，不是权威的、高压的。在这方面，中层主管们和为人属下的人，对于上级交代的任务，必须弄得清清楚楚，然后化成自己心中的任务，将自己变成老板的代理人，全心投入来完成工作，老板的事就是自己的事。

◆ 商店打烊时

以下是一个简单的倾听测试。

1. 先将习题一的内容发给学员，讲师说一个情节（情节内容见习题二)，让学员去回答下面的12个判断题。

2. 做完习题一之后，将习题二发给学员，让学员看刚刚说的情节进行判断，提醒学员不要受习题一答案的影响。

3. 最后公布答案。

习题一：商店打烊时

请不要耽搁时间	正确	错误	不知道
1. 店主将店堂内的灯关掉后，一男子到达	T	F	?
2. 抢劫者是一男子	T	F	?
3. 来的那个男子没有索要钱款	T	F	?
4. 打开收银机的那个男子是店主	T	F	?
5. 店主倒出收银机中的东西后逃离	T	F	?
6. 故事中提到了收银机，但没说里面具体有多少钱	T	F	?
7. 抢劫者向店主索要钱款	T	F	?
8. 索要钱款的男子倒出收银机中的东西后，急忙离开	T	F	?
9. 抢劫者打开了收银机	T	F	?
10. 店堂灯关掉后，一个男子来了	T	F	?
11. 抢劫者没有把钱随身带走	T	F	?
12. 故事涉及三个人物：店主，一个索要钱款的男子，以及一个警察	T	F	?

习题二：商店打烊时

某商人刚关上店里的灯，一男子来到店堂并索要钱款，店主打开收银机，收银机内的东西被倒了出来而那个男子逃走了，一位警察很快接到报案。

仔细阅读下列有关故事的提问，并在“对”、“不对”、或“不知道”中作出选择，划圈。

请不要耽搁时间	正确	错误	不知道
1. 店主将店堂内的灯关掉后，一男子到达	T	F	?
2. 抢劫者是一男子	T	F	?
3. 来的那个男子没有索要钱款	T	F	?
4. 打开收银机的那个男子是店主	T	F	?
5. 店主倒出收银机中的东西后逃离	T	F	?
6. 故事中提到了收银机，但没说里面具体有多少钱	T	F	?
7. 抢劫者向店主索要钱款	T	F	?
8. 索要钱款的男子倒出收银机中的东西后，急忙离开	T	F	?
9. 抢劫者打开了收银机	T	F	?
10. 店堂灯关掉后，一个男子来了	T	F	?
11. 抢劫者没有把钱随身带走	T	F	?
12. 故事涉及三个人物：店主，一个索要钱款的男子，以及一个警察	T	F	?

习题商店打烊时（答案）

请不要耽搁时间	答案
1. 店主将店堂内的灯关掉后，一男子到达	? 商人不等于店主
2. 抢劫者是一男子	? 不确定，索要钱款不一定是抢劫
3. 来的那个男子没有索要钱款	F
4. 打开收银机的那个男子是店主	? 店主不一定是男的
5. 店主倒出收银机中的东西后逃离	?
6. 故事中提到了收银机，但没说里面具体有多少钱	T
7. 抢劫者向店主索要钱款	?
8. 索要钱款的男子倒出收银机中的东西后，	?

急忙离开

9. 抢劫者打开了收银机 F
10. 店堂灯关掉后，一个男子来了 T
11. 抢劫者没有把钱随身带走 ?
12. 故事涉及三个人物：店主，一个索要钱款的男子，以及一个警察 ?

★游戏：模拟部属角色与领导角色

目的：模拟部属与领导之间的沟通能力

游戏规则：

1. 5人为一组，一人扮演上级主管的角色，一人扮演直接主管的角色，三人扮演部属角色；
2. 任务分别写在以下的角色单中，并用信封将角色单装好分给每个角色；
3. 上级主管与部属分开做，由直接主管担任联系；
4. 每组需要共同完成任务，如果完成任务举手示意；
5. 游戏时间40分钟。

部属角色单（一）

红J　红Q　红K　黑K　黑Q

1. 你只可以与直接主管及其他两位同事互相写备忘录书面沟通，不可以越级报告。
2. 你和其他人一样，手中都有5种纸牌。
3. 你的直接主管及上级主管将领导你们完成任务。
4. 手中的纸牌不可露白，也不可传递。

部属角色单（二）

黑K　红K　方J　黑Q　红J

1. 你只可以与直接主管及其他两位同事互相写备忘录书面沟通，不可以越级报告。
2. 你和其他人一样，手中都有5种纸牌。
3. 你的直接主管及上级主管将领导你们完成任务。
4. 手中的纸牌不可露白，也不可传递。

部属角色单（三）

黑K　　红K　　方J　　黑Q　　红J

1. 你只可以与直接主管及其他两位同事互相写备忘录书面沟通，不可以越级报告。
2. 你和其他人一样，手中都有5种纸牌。
3. 你的直接主管及上级主管将领导你们完成任务。
4. 手中的纸牌不可露白，也不可传递。

直接主管角色单

方J　　红J　　黑Q　　黑K　　红Q

1. 你可以与上级主管及部属在纸上沟通。
2. 你和其他人员一样，手中各有五种纸牌。
3. 你的主管将领导你们完成任务。
4. 手中的纸牌不可露白，也不可传递。

上级主管角色单

红K　　红Q　　红J　　黑Q　　方J

1. 你只能与直接主管沟通，不能越级指挥。
2. 包括你在内，每人手中都有5种纸牌。
3. 你的任务就是“找出每个人相同的一种纸牌，并使每一成员均了解完成任务的答案”。

4. 完成任务时，请举手。

5. 有任何问题，可举手请教讲师。

6. 手中的纸牌不可露白，也不可传递。

第四章

服从

——执行的条件反射

高贵的服从精神

→ 有一种自律叫服从

服从是军队的第一理念，在西点军校它更是被人们视为一种美德。在西点军校，即使是立场最自由的旁观者，都相信一个理念，那就是“不管叫你做什么都照做不误”，这样的理念就是服从的理念。西点人认为，军人的天职就是服从，如果你学不会服从，不养成服从指令的习惯，就不能在军队中立足。

服从不是屈服于别人的意志，而是高度自律的表现，是对一个团队的高度认同。西点要求每一个学员都去深刻体验身为一个伟大机构的一分子——即使是很小的一分子，具有什么样的意义。西点的每一分子，对于个人的权威止于何处，团体的权威又始于何处，都有清楚的认识。对西点人来讲，对长官的服从是百分之百的正确，他们认为，西点军校培养的是能打赢战争的人才，要打赢战争，必须依靠所有人积极主动的服从作战命令。一位毕业于西点的将军在给一位西点学员的父亲的信中写道：

“为什么我们让这些孩子经受四年斯巴达式的教育？他们住在冷冰冰的兵营里，上午 9 点 30 分之前不能往垃圾桶里倒垃圾，水池必须始终干净，不堵塞。如此清规戒律，为什么？因为他们一旦毕业，走出西点他们将被要求全无私心迎接挑战。在军队的这段时间内，他们将要吃苦，在圣诞节远离家庭，在泥地上睡觉，对此每个人都必须绝对做到毫无异议。在超出一切的国家利益面前，任何人都应当把自我利益放在次要地位——因此，必须习惯这样。”

大到一个国家、军队，小到一个企业、部门，其成败很大程度上就取决于是否完美地贯彻了服从的理念。服从的理念在企业界同样重要。在激烈的市场竞争中，公司要保持战斗力，必须有很强的贯彻执行战略能力。公司的基本要求是，每一位员工都必须服从公司整体利益，在这个大局协调下服从上级的具体工作安排，如同每一个军人都必须服从上司的指挥一样。

服从是行动的第一步。作为企业的一分子，你是企业内部经济运行环节的一个重要部位，指令如同血流，你必须遵照指示做事以确保企业流程正常循环运转。服从意味着你必须暂时放弃个人的异议，约束自己去适应所属机构的价值观念。在学习服从的过程中，你就更深地融入了企业这个大家庭中，对企业的战略方针、价值观念、运作方式有了更透彻的理解。

尽管并不是所有上司发出的指令都正确，但是，一个高效的企业必须建立在良好的服从机制上，一个优秀的员工也必须有极强的服从意识。企业是一个高度分工的组织，上司所处的地位、责任决定了他有权发号施令，上司需要依靠权威来保障大家为整体利益服务。一个团队，如果下属不能无条件地服从上司的命令，那么在达成共同目标时，则可能产生障碍；反之，则能发挥出超强的执行能力，使团队胜人一筹。

曾有一位著名的田径教练，每当见到运动员，便苦口婆心地劝他们把头发剪短。据说，他的理由是：问题并不在于头发的长短，而是在于他们是否服从教练。可见，纵然不懂教练的意图，但不找借口地服从，这才是教练所期望的好选手。同样，不找借口地服从并执行，这才是企业所期望的好员工。

“恭敬不如从命”是对服从的最好注解。如果我们在服从之外还有许多理由，那么，既然连“恭敬”都不如“从命”（服从）了，那还有什么理由可以比服从来得更令人满意的呢？

企业的组织原则同样应该是：“少数服从多数，下级服从上级”，“先服从，有意见和不同看法可以先保留”。

如果员工总以为自己是企业的主人，随时要纠正老板的“错误决定”，要发挥主人翁责任感，这样一来就会自以为是，迷失自己，认识不清楚自己到底是谁，从而使得企业的执行力度降低，最终受害的是整个企业。企业里面如果思想不统一，每个人都有自己的想法，这就像由很多马拉的马车，没有统一的指挥，每匹马都有自己的方向，车就会原地不动，或者在倒退。还是要由赶车的人，统一群马的方向，群马也要服从指挥，马车才能前进。

→ 服从精神激发行动力量

著名足球教练米卢蒂诺维奇在接受中国国家足球队教鞭之后，喊出了“态度决定一切”的口号，要求所有被召进国家队的队员都必须树立“服从第一”的最高信念。这对于在国内当惯了“大爷”的球星可不是一件容易的事情。很快就有所谓的“大连帮”出来对教练发难，先是抱怨教练没有把某某队员招进来，接着是在训练中有意无意地抵制，甚至闹出了某球星在电视台炮轰米卢的事端。面对部分球员的恶劣态度，米卢不依不饶，坚决按照自己的执教思路贯彻训练计划。在面对媒体采访时，这位有着辉煌执教记录的神奇教练说出了“态度决定一切”的原委。他说，中国球员的身体素质还可以，但是，和足球先进国家相比，他们的技术和意识落后太多，甚至在和同为亚洲的韩国、日本比较起来，也落后一大截；国家队的这些球员甚至连最基本的传接球动作都做不好，至于站着等球、缺乏战术涵养、在场上注意力不集中等毛病更是中国队致命的缺点。针对部分球员质疑他在训练中太过“随意”，他的回答是，“我有丰富的执教经验，知道该怎样把一支技术意识落后的球队带到世界杯赛场上。很多球员认为我布置的训练任务不成体系，我想那是因为他们此前已经习惯了每次集训都被逼迫着强化体能、不断跑圈的套路。足球是一项给人带来快乐的体育运动，而中国球员总是被过多的足球之外的因素困扰。只要我还是中国国家队的教练，我就必须让队员服从我的战略战术安排，不能适应的人只能被清除出国家队。”

在米卢眼里，落后的中国足球要冲出亚洲杀入世界杯决赛圈，只能靠大家精诚团结，所有队员都必须一丝不苟地服从他的指令。事实证明，正是由于神奇教练在一开始就强调“态度决定一切”，强化队员服从意识，国家队队员在后来的十强赛上才能表现出稳定的高水平竞技状态，最终使中国男子足球史无前例地挺进世界杯决赛圈，实现了无数人的梦想。

端正的服从精神能给人带来坚决的行动勇气，激发全身心的力量。在公司里，员工需要这种服从精神，以便提高自己的执行能力。

服从上级安排是职员的第一美德，也是日后取得非凡工作成就的必备条件。现在很多公司要求职员一进公司就要接受种种培训，学习并且认同企业的文化，严格遵守企业的各种规章制度。很多人认为这是多此一举，并且极不用心地参加这样的培训。这种观念是错误的，任何人不经培训都不能很好融入公司；进入一个新的公司，你就必须从零开始，首先学会服从于你的上司，服从于你的老板。

真正的服从应该是无条件的服从，应该是没有任何借口的服从，只有这样才能产生惊人的力量。有些员工认为“对的就服从，错的就不服从”。持这种观念的人是错误的，服从应该是绝对的。如果上级的指令要经过你的判断才能执行下去，这样一来，岂不是你的判断显得要比上司更具权威？所以，服从者应该放弃个人的主见，而应该服从于上司和组织的，一心一意地去执行所属企业的价值理念和指令。如果你有什么意见或者建议，应该在上司发出指令前提出，如果你的意见没有得到上司的采纳，你也必须立刻去执行上司的指令，哪怕你认为是错误的。

作为职员，应该时刻了解自己的权限有多大，通过服从，你将对企业的价值理念、运营模式都会有一个更深刻的认识。

有一位叫卡特的年轻人，上司让他去一个新的地方开辟市场，那是一块十分偏僻的地方，公司生产的产品在很多人看来要取得销路是十分困难的。因此，在把这个任务分派给卡特之前，上司曾经三次把这个任务交给过公司里其他人，但是都被他们推拖掉了。他们一致认为那个地方没有市场，接受这个任务最终结果将是一场徒劳。卡特在得到上司的指示后什么也没有多说，只带着一些公司产品的样品出发了。

三个月后，卡特回到了公司，他带回了令人振奋的消息，那里有着巨大的市场。其实，卡特在出发之前，他也认定公司的产品在那里没有销路。但是，由于他坚决的服从意识，他毅然前往，并用尽全力去开拓市场，结果最终取得了成功。

卡特的这种精神应该是所有员工都必须具备的。如果你为一个公司工作，你应该对自己发誓，你必须服从于这个公司。无论什么时候，你都应该主动、积极地去完成上司交给你的任务。不要给自己任何的借口和推卸责任的理由，上司要的是结果，而不是你再三的解释原因。也许你会说“不是所有上司的指令都是正确的，上司也会犯错误”。当然了，任何人都可能犯错误，但是，一个高效的企业一定要有良好的服从观念，一个优秀的职员也应该有服从意识。如果一个下属不能无条件地服从上司的命令，这样的团队必将走向失败；反之，则能产生强大的执行能力，取得巨大的成功。

→ 服从是领导力之母

西点军校训练学员的领导能力时，第一课教的却是如何服从。西点认为，服从是领导之母，一个人必须先懂得服从才可能真正掌握领导技能。进入西点军校的新生必须花一整年的时间学习服从的各个层面：自律、处理压力、善用时间。

西点学员不能在宿舍里听收音机、看电视，只能在大厅里集体收看电视；不能开小汽车进校园，不能随便出校门；校园里只有军乐没有其他音乐，没有吉他，没有啤酒，学员们私下里都把西点军校称为野兽营。

西点严格的服从纪律和制度为美国培养和造就了一大批军界政界和商界精英。西点毕业生不仅在美国军政两界叱咤风云，在美国商界也已经有越来越多的西点毕业生崭露头角。美国在线前首席执行官詹姆斯·金姆塞、康柏集团总裁约翰·克里斯劳、美林在线投资部主管克里斯蒂娜·尤哈兹等人都是西点毕业生。这些成功的商界人士一致肯定，在西点军校培训的经历是帮助他们担任商界领导的重要法宝之一，虽然当时所学的知识主要是军事项目，但西点军校对人的性格、纪律、毅力的塑造是十分成功的。军事教育专家赖尼曾说过，美国前 500 强大企业教给人的是伦理和经验，而西点教给人的是领袖人才的品德。西点是座工厂，其产品是领导者，这些年来，它已成为全美最有效的领导人才开发学院。如果说哈佛商学院是商界人才的培养基地，那么，西点军校则是商界人才的发源地。西点军校对学生的“准时、守纪、严格、正直、刚毅”的教育训条，已被世界工商管理学专家看成是 21 世纪企业管理所必备的素质要求。

服从的角色，就是遵循指示做事。服从的人必须暂时放弃个人的独立自主，全心全意去遵从所属机构的价值观念。服从决不是下属的专利，每一个领导者也都必须服从。不论在任何机构，领导的权力必然有其限度。领导者的地位再高，还是必须向一个更高的权威负责。国家领导人必须向全国国民负责；企业的总裁必须向董事会、股东和消费者负责，领导者的成败，有很多地方取决于有没有学会服从的角色。

【自测自评】你的服从意识有多强？

1. 你是否认同从直接主管到公司最高层领导人的权威？是否认识到公司的正常运转离不开员工严格遵循上级的工作分配？

2. 主管交代你本周末（明天）之前提交下个月的市场开拓计划，而你还没有着手准备，你是为自己申辩以争取宽限还是克服困难？

3. 你是否能很快调整自己的行为习惯来适应公司新制订的规章制度？

4. 经理安排你和同事小张一起出差，而你和小张向来不和，你会怎么做？

5. 最近公司将小张升为市场部主任，负责领导包括你在内的若干同事。小张进公司比你还晚，而你觉得他在公司的表现也不如你，你认为公司对小张的任命难以服众。在这种情况下，你在工作中将如何处理和小张的关系？

6. 你因为一次无意的迟到，被上司提出批评，并且扣除当月奖金，你是否认为上司的做法不公正？如果你认为上司的做法不公正，是否会在今后的工作中故意消极抵制？

7. 你所在部门的主管出差去了，他委托你暂时代理他的职务。在你担任代理职务期间，有同事违反工作纪律，但不是很严重，你将如何处理？

8. 在会议上，经理没有经过调查就作出决策，你觉得他的决策明显是错误的，你会怎么做？

【习惯训练】克服影响服从的心理小动作

对一个团队而言，要步调一致，就必须要有服从，如果你自己学会了服从，那么你将易于被你的主管和同事所接纳，如果你教会自己的部下服从，那么，你的部队将会是所向无敌的队伍。服从是黏合剂，一个团队、一个组织如果没有服从这个黏合剂，其运营情况是不堪想象的。

美国有类似微软那样大型的软件公司，而中国即使是超过 1000 人的软件公司也可谓凤毛麟角。企业要想做大，要想大而有序，就一定要以服从作为黏合剂，服从所起的作用可谓重大。

服从是直截了当的，是持开明和接纳态度的。当上司向你交待工作，而你讲出许多理由的时候，这只是表明你对他的交代持保留态度，这显然是不可取的，而只有服从才是最谦虚最直截了当的。

那么，有哪些因素会影响服从呢？概括起来有以下八大因素。

◆ 本位主义

影响服从的第一个因素就是个人本位主义。一个人如果没有全局观，就会犯本位主义的错误，就可能不服从，而且还会列出很多理由。一个公司里的本位主义就是把局部利益看得太重。在企业里经常能听到有人这样抱怨“我这边人怎么老是被你们调去做这个那个，我们的事情都不做了吗”，说出这种抱怨的人在这个时候已经忘掉他只是组织的一个部分。能轻易说出这样的话实际上就是本位主义在作怪。

◆ 官僚主义

官僚主义的具体表现：面子很大，官气很足，“来找我的人，他的职位不比我高，他在公司呆的时间不比我长，凭什么他说什么我就马上要跑得飞快，凭什么我就要给他送过去呢”，“我的资历比他老”等等。克服官僚主义就要学会服从于工作。

◆ 缺少训练

缺少训练也会影响服从。在部队里生活较长时间的人都知道，因为天天都做操练，所以对向左转、向右转这样的指令很容易服从。而对一个企业管理者来说，可能会发现即使是让员工 8 点钟开会这样一个简单的要求，也往往很难全部执行。总有人会迟到。这种服从习惯要经过坚持不懈的训练才能真正具有，所以，持续的训练必不可少。

◆ 讨价还价、目中无人

很多员工长期以来生活在一种比较散漫的环境里，他们不知道作为一个现代组织的有序化具有何其重要的意义。当他们面对管理者的命令时，总是要经历一番讨价还价的过程，这实际上是目中无人的表现。决定现代组织成败的一个极其关键的因素就是管理，而所谓管理就是通过上级发出指令下级积极遵守的过程。服从的意义就是管理的意义，即通过合理的分工协调把一群人拧在一起让组织产生最大的效益。如果没有服从从中做一个基本的协调，没有服从一刀切下去的那种快速反应，组织的效率就会大打折扣。

◆ 不知“烧香拜佛”

这里说的“烧香”与迷信无关，其实“烧香”意味着烧香者的整个精神很专注、很投入，而且反映了烧香者要理清思想的目的。如果在家不懂得孝敬父母，也不懂得“烧香”，就不会懂得敬畏，就会非常的自以为是。在这种情况下，对服从的理解一定会大打折扣，在行动上就有所谓的“服从障碍”；“服从障碍”在团队里就会成为管理的最大障碍。要知道，在有效率的外资公司或者跨国公司，不懂服从的人是不受欢迎的，甚至会被扫地出门。

◆ 没大没小

人人平等不等于任何地方任何时刻都没大没小。要秩序就得讲究大小之分，秩序是企业赖以存在的生命结构，在企业里必须分出一个大小来，这不是封建意识，而是先进的现代组织伦理。在外资企业，每个主管都有他的责任，有他的判断，对他做出的判断你就要服从，这样在整个结构上才会保持一致。

◆ 先争论再接受

先争论再接受也是影响服从的一大痼疾。有些人养成了凡事争论的坏毛病，当主管在会议上宣布一项工作或者工作安排的时候，他们总是会马上列出一堆理由证明自己实施起来有多大的困难。这样的人是组织里的不和谐因素，必然是不受欢迎的。

效率优先始终是职场的第一法则，争论不仅无济于事，耗费组织精力，而且会耽搁企业最好的机会。面对上级指令，最好的做法是不管你觉得有多大的困难，先把分配给你的任务接受下来再说。如果真有什么困难，可以在会后去跟主管沟通。之所以不要在会议上提出反对意见，首先是因为主管的工作是成系列的，你这里只是其中的一环，不能因为你这一环影响到主管工作的推进；再者，主管将任务指派给你，这里面包含了他个人的判断，而你认为会有什么困难，那只是你的判断。

◆ 阳奉阴违

有些员工碍于上级威权会采取暂时妥协的低姿态，先在口头上应承下来，等到真正进入贯彻实施阶段就立即发挥个人“主观能动性”，有意背离上级指令我行我素。

马上按指令行动体现的是一种服从的精神。就像军队里的士兵一样，人随命令而动，不能有一时一刻的延误。比如，主管责备下属一张采购单都会写错，下属应该马上承认错误并且马上改正错误，这就叫“马上按指令行动”。

总而言之，服从对任何组织来说都至关重要。没有服从精神的组织，只能称之为“乌合之众”。管理者要认真地、不断地检查自己的组织，磨炼员工的服从意识，才有可能远离乌合之众，走向一个真正的组织。

服从的下一步是坚决执行

→ 执行决定成败

每一个老板、每一名管理人员都会对下属有要求，无论这些要求是否明确、合理，这些要求与期望都会遭遇它们各自的结果；每一个企业都会有战略目标，无论是否明确、合理或者宏大，同样的每一个目标都会有最终的结果。老板、管理人员与企业必须共同面对的现实是：结果往往与目标之间有很大的差距，或者说“没有完成任务”“没有达到目标”，问题在哪里呢？“想法没有得到实施”，“方案没有得到执行”，也就是说缺乏可信的执行力。

企业执行力最近成了中国企业界流行的热门话题。那么该如何理解企业的执行力呢？有一则管理寓言很形象地展示了执行力在上下级之间的微妙：耶稣带着他的门徒彼得远行，途中发现一块破烂的马蹄铁，耶稣希望彼得捡起来，不料彼得懒得弯腰，假装没听见。耶稣自己弯腰捡起马蹄铁，用它在铁匠那儿换来 3 文钱，并用这些钱买了十几颗樱桃。出了城，两人继续前进，经过茫茫荒野，耶稣猜到彼得渴得厉害，就让藏在袖子里的樱桃悄悄地掉出一颗，彼得一见，赶紧捡起来吃。耶稣边走边丢，彼得也就狼狈地弯了十七八次腰。于是耶稣笑着对他说：“要是按我吩咐的做，你只要一开始弯一次腰，我也就不用一次又一次重复地扔樱桃，你也就不会在后来没完没了地弯腰。”

这个寓言很有意思，它反映出这样一个问题：在企业中领导所想的和员工所想的，往往不能得到有效的统一。执行力缺失，使领导者的所有工作都会变成一纸空文或一场空谈。

沃尔玛能一步步由小到大，由大到强，逐渐拉大和竞争对手的差距，它的成功之道就在于不断在传统模式中开发出适合业务发展需要的方式，充分为我所用，并不折不扣地加以执行。

企业员工执行力的不同就像鸭子和鹰的区别，员工的能力大小和品行不同，执行力也会有不同的表现。我们可以做一个类比：就像是老鹰和鸭子一样，虽然从表面上看有很多相似的地方，但从本质上却截然不同。老鹰能在高空盘旋注视四面八方，而鸭子却只能在水面上生活，整天只会嘎嘎叫，什么都不会做。拥有一只老鹰远胜过拥有 10 只以上的鸭子。因此，老鹰是我们成就的典范，任何企业都愿意拥有老鹰，而不愿意拥有许多个鸭子。

在企业里，总有一些员工对工作拖拖拉拉，习惯了不痛不痒、马马虎虎，习惯了得过且过、敷衍了事；一旦认真起来，却又呆头呆脑不知灵活变通。他们会私下给自己找理由："毕竟，公司于我何有哉！"一旦整顿来临，头一低，风头过了，又是一条好汉，依然我行我素。同时，几乎每一个企业中还活跃着这样一些人，他们是高谈阔论的思想家，他们是牢骚满腹的改革倡导者；他们常常身居中层要职，却将自己的"职责范围"视为"势力范围"；他们左右逢源关心每一个人和事，却只擅长于在高层领导和其他人面前搬弄是非，散布谣言。有意思的是，恰恰是这种人，常常对公司决策的执行大打折扣，或是因为他们的既得利益受损，或是不愿接受挑战。这样的人，不但自己执行力欠缺，还影响他人的执行力不能正常发挥。

甚至连中国最优秀的企业联想集团，也曾因基层和中层执行不力而险遭崩盘。联想在 1999 年进行 ERP 改造时，业务部门不积极执行，使流程设计的优化根本无法深入。长此下去，联想必将瘫痪。最后柳传志不得不施以铁腕手段，才杀灭企业内部试图拖垮 ERP 以保全既得利益的阴暗心态。柳在一次会议上雷霆震怒：ERP 必须做好，做不成，我会受很大影响，但我会把李勤（当时的联想集团副总裁）给干掉！李勤当即站起来：做不好，我下台，不过下台前我先要把杨元庆和郭为干掉！

对员工来说，执行就是全心全意立即行动，执行就是完成任务的过程。执行的典范当数《把信送给加西亚》中的上尉罗文。几乎所有人都认为，《把信送给加西亚》颂扬了一种忠诚、敬业的美德，但我们宁愿认为它倡导的是一种执行力和执行文化。当罗文接过美国总统的信时，他不知道加西亚在哪里，他只知道自己惟一要做的事是进入一个危机四伏的国家并找到这个人。他二话没说，没提任何要求，而是接过信，转过身，全心全意，立即行动。他坚定决心，奋不顾身，排除一切干扰，想尽一切办法，用最快的速度去达到了目标。

→ 执行不力的原因

◆ 赖在拖拉的温床上

有一个农夫一早起来，告诉妻子说要去耕田，当他走到田头时，却发现耕耘机没有油了；原本打算立刻要去加油的，突然想到家里的三四只猪还没有喂，于是转回家去；经过仓库时，望见旁边有几个马铃薯，他想起马铃薯可能正在发芽，于是又走到马铃薯田去；路途中经过木材堆，又记起家中需要一些柴火；正当要去取柴的时候，看见了一只生病的鸡躺在地上……这样来来回回跑了几趟，这个农夫从早上一直到夕阳西下，油也没有加，猪也没有喂，田也没耕，最后他什么事也没有做成。

在企业里，像故事中农夫一样没有定性的员工不在少数，他们在工作时显得六神无主，想到什么就是什么，由着随意散漫的性子拖拉，常常很难把一件重要的事完成。作为员工，没有定力，没有为完成一个任务必须坚定不移的决心，而是三心二意，最终将一事无成。

今天该做的事拖到明天完成，现在该打的电话等到一两个小时后才打，这个月该完成的报表拖到下一个月，这个季度该达到的进度要等到下一个季度……我不知道喜欢拖延的人哪儿来的这么多的借口：工作太无聊、太辛苦，工作环境不好，老板脑筋有问题，完成期限太紧，等等。我只知道，这样的员工肯定是不努力工作的员工；至少，是没有良好工作态度的员工。他们找出种种借口来蒙混公司，来欺骗管理者，他们是不负责任的人。

凡事都留待明天处理的态度就是拖延，这是一种很坏的工作习惯。每当要付出劳动时，或要作出抉择时，总会为自己找出一些借口来安慰自己，总想让自己轻松些、舒服些。奇怪的是，这些经常喊累的拖延者，却可以在健身房、酒吧或购物中心流连数个小时而毫无倦意。但是，看看他们上班的模样！你是否常听他们说："天啊，真希望明天不用上班。"带着这样的念头从健身房、酒吧、购物中心回来，只会感觉工作压力越来越大。

◆ 总有"客观的"借口

习惯性的拖延者通常也是制造借口与托辞的专家。每当要他们付出劳动，或作出抉择时，他们总会为自己找出一些借口来，总想让自己轻松些、舒服些。

借口是拖延的温床，习惯性的拖延者通常也是制造借口与托辞的专家。这类人无法作出承诺，只想找借口。他们总是经常为了没做某些事而制造借口，或想出千百个理由为事情未能按计划实施而辩解。这样的人是不可能成为好员工的，他们也不可能有完美成功的人生。

在西点军校，要接受的第一个观念就是，没有任何借口，不要拖延，立即行动！如果第一次你因疏忽或别的原因没有及时擦亮你的皮鞋，你以种种借口逃脱了惩罚，第二次、第三次……久而久之，至少在擦皮鞋这件事上，你可能就会养成寻找借口的习惯，而这些借口又会让你对擦皮鞋这件事无故拖延。

想想吧，如果不是擦皮鞋，而是在战场上，在修筑工事，在对敌冲锋……这样的习惯将会造成多么可怕的后果啊！

这不是把问题绝对化，其实，商场就是战场，工作就如同战斗。要想在商场上立于不败之地，就必须拥有一支高效的、能战斗的团队。任何一个经营者都知道，对那些做事拖延的人，是不可能报以太高的期望的。

为什么他们如此善于找借口，却无法将工作做好，这的确是一件非常奇怪的事。因为不论他们用多少方法来逃避责任，该做的事，还是得做。而拖延是一种相当累人的折磨，随着完成期限的迫近，工作的压力反而与日俱增，这会让人觉得更加疲倦不堪。

拖延的背后是人的惰性在作怪，而借口是对惰性的纵容。人们都有这样的经历，清晨闹钟将你从睡梦中惊醒，想着该起床上班了，同时却感受着被窝的温暖，一边不断地对自己说该起床了，一边又不断地给自己寻找借口“再等一会儿”，于是又躺了5分钟，甚至10分钟……

“没有任何借口”是西点军校奉行的最重要的行为准则，它强化的是每一位学员想尽办法去完成任何一项任务，而不是为没有完成任务去寻找任何借口，哪怕看似合理的借口。其目的是为了让学员学会适应压力，培养他们不达目的誓不罢休的毅力。它让每一个学员懂得：工作中是没有任何借口的，失败是没有任何借口的，人生也没有任何借口。

“没有任何借口”看起来似乎很绝对、很不公平，但是人生并不是永远公平的。西点就是要让学员明白：无论遭遇什么样的环境，都必须学会对自己的一切行为负责！学员在校时只是年轻的军校学生，但是日后肩负的却是自己和其他人的生死存亡乃至整个国家的安全。在生死关头，你还能到哪里去找借口？哪怕最后找到了失败的借口又能如何？“没有任何借口”的训练，让西点学员养成了毫不畏惧的决心、坚强的毅力、完美的执行力以及在限定时间内把握每一分每一秒去完成任何一项任务的信心和信念。

但是，不幸的是，在生活和工作中，我们经常会听到这样或那样的借口。借口在耳畔窃窃私语，告诉我们不能做某事或做不好某事的理由，它们好像是“理智的声音”、“合情合理的解释”，冠冕而堂皇。上班迟到了，会有“路上堵车”、“手表停了”、“今天家里事太多”等等借口；业务拓展不开、工作无业绩，会有“制度不行”、“政策不好”或“我已经尽力了”等等借口；事情做砸了有借口，任务没完成有借口。只要有心去找，借口无处不在。做不好一件事情，完不成一项任务，有成千上万条借口在那儿响应你、声援你、支持你，抱怨、推诿、迁怒、愤世嫉俗成了最好的解脱。借口就是一张敷衍别人、原谅自己的“挡箭牌”，就是一副掩饰弱点、推卸责任的“万能器”。有多少人把宝贵的时间和精力放在了如何寻找一个合适的借口上，而忘记了自己的职责和责任啊！

【自测自评】执行力自我监督

员工月度工作任务沟通与评价表

被考核者姓名：________ 部 门：________ 职 位：________

直接主管：________

第一部分 工作任务沟通与评价

	计划内工作任务	工作产出与衡量标准	任务权重	重要表现记录	自我评价等级	主管评价等级
1						
2						
3						
4						
5						
6						

	变更后的工作任务	工作产出与衡量标准	任务权重	重要表现记录	自我评价等级	主管评价等级
1						
2						
3						
4						
5						

本月总体绩效等级：	被考核者签名：	考核者签名：

主要工作改善建议(个人填写)

工作期望（请主管填写）

上级主管审核意见
签名：

评价等级标准和操作说明：

A.（10 分） 出色，工作绩效始终超越本职位常规标准要求，通常具有下列表现：在规定的时间之前完成任务，完成任务的数量、质量等明显超出规定的标准，得到来自客户的高度评价。

B.（8 分） 优良，工作绩效经常超出本职位常规标准要求，通常具有下列表现：严格按照规定的时间要求完成任务并经常提前完成任务，经常在数量、质量上超出规定的标准，获得客户的满意。

C.（6 分） 可接受，工作绩效经常维持或偶尔超出本职位常规标准要求，通常具有下列表现：基本上达到规定的时间、数量、质量等工作标准，没有客户的不满意。

D.（4 分） 需改进，工作绩效基本维持或偶尔未达到本职位常规标准要求，通常具有下列表现：偶有小的疏漏，有时在时间、数量、质量上达不到规定的工作标准，偶尔有客户的投诉。

E.（2 分） 不良，工作绩效显著低于常规本职位正常工作标准的要求，通常具有下列表现：工作中出现大的失误，或在时间、数量、质量上达不到规定的工作标准，经常突击完成任务，经常有投诉发生。

第二部分　重要工作表现记录

关键指标	观察要点	主要表现
工作责任感	维护组织利益的行为； 接受额外任务与加班； 承担责任；出勤记录	
客户服务意识	客户服务的态度； 客户活动的行为	
工作品质	服从指示；遵守规则； 工作质量稳定性等	
工作效率	时效性；效率改进的行为	
工作技能	职业基本技能； 专业业务技能	
团队合作	沟通；团队意识；同事合作； 跨部门合作	
个人发展	个人发展提高的愿望； 寻求发展提高的行为	

【习惯训练】提升执行力的自我修炼

◆ 向军人一样拒绝借口

在美国西点军校，有一个广泛传诵的悠久传统，学员遇到军官问话时，只能有四种回答："报告长官，是"，"报告长官，不是"，"报告长官，不知道"，"报告长官，没有任何借口"。除此之外，西点军人不能多说一个字。"没有任何借口"是美国西点军校 200 年来奉行的最重要的行为准则，是西点军校传授给每一位新生的第一个理念。它强化的是每一位学员想办法去完成任何一项任务，而不是为没有完成任务去寻找借口，哪怕是看似合理的借口。秉承这一理念，无数西点毕业生在人生的各个领域取得了非凡的成就。

在现实生活中有两种人，一种是不找任何借口做事情的人，另一种是整天找借口为自己开脱的人。我们经常会听到各种各样的借口："那个客人真烦，我对付不了了"，"我现在下班了，明天再说吧"，"我明天有事情，完不成这个工作"，"我很忙，现在没空"等等，诸如此类。有时真的让人们无可奈何。你应当明白，在企业里缺少的正是那种想尽办法去完成任务，而不是去寻找借口的人。

优秀的员工从不在工作中寻找任何借口，他们总是出色地完成上级安排的任务，尽力把每一项工作做到超出上司的预期；他们总是尽力配合同事的工作，对同事提出的帮助要求，从不找任何借口推托或延迟。"没有任何借口"做事情的人，他们身上所体现出来的是一种服从、诚实的态度，一种负责敬业的精神，一种完美的执行力。"没有任何借口"理念的核心是敬业、责任、服从、诚实。

优秀员工知道借口是拖延的温床，习惯性的拖延会造成积重难返的恶果，他们懂得对付惰性最好的办法就是根本不让惰性出现，千万不能让自己拉开和惰性开仗的架势。在事情的开端，就让积极的想法占据心头，随后马上行动，让惰性没有乘虚而入的可能。

借鉴西点军校的经验，以下一些建议将有助于你培养立即行动的习惯。

1. 列出你立即可做的事。从最简单、用很少的时间就可完成的事开始。

2. 每天从事一件明确的工作，而且不必等待别人的指示就能够主动去完成。

3. 运用切香肠的技巧。所谓切香肠的技巧，就是不要一次性吃完整条香肠，而是把它切成小片，一小口一小口地慢慢品尝。同样的道理也可以用在你的工作上：先把工作分成几个小部分，分别详列在纸上，然后把每一部分再细分为几个步骤，使得每一个步骤都可在一个工作日之内完成。每次开始一个新的步骤时，不到完成，绝不离开工作区域。如果一定要中断的话，最好是在工作告一个段落时。

4. 到处寻找，每天至少找出一件对其他人有价值的事情去做，而且不期望获得报酬。

5. 每天要将养成这种主动工作习惯的价值告诉别人，至少要告诉一个人。

6. 在日程表上记下所有的工作日志。

把开始日期、预定完成日期以及其间各阶段的完成期限记下来。不要忘了切香肠的原则：分成小步骤来完成。这一方面能减轻压力，另一方面还能保留推动你前进的适当压力。

◆ 把借口消灭在心里

在工作中，你是否经常听到这样的借口：

“那个客户太挑剔了，我无法满足他。”

“我可以早到的，如果不是下雨。”

“我没有在规定的时间里把事做完，是因为……”

“我没学过。”

“我没有足够的时间。”

“现在是休息时间，半小时后你再来电话。”

“我没有那么多精力。”

“我没办法这么做。”

其实，在每一条借口的背后，都隐藏着丰富的潜台词，只是他们不好意思说出来，甚至根本就不愿说出来。借口可以让你暂时逃避困难和责任，获得了些许暂时的舒服，但是，借口的代价却无比高昂，它给我们带来的危害一点也不比其他任何恶习少。

归纳起来，我们经常听到的借口主要有以下五种表现形式。

1. “他们作决定时根本就没有征求过我的意见，所以这个不应当是我的责任。”

许多借口总是把“不”、“不是”、“没有”与“我”紧密联系在一起，其潜台词就是“这事与我无关”，不愿承担责任，把本应自己承担的责任推卸给别人。一个团队中，是不应该有“我”与“别人”的区别的。一个没有责任感的员工，不可能获得同事的信任和支持，也不可能获得上司的信赖和尊重。如果人人都寻找借口，无形中会提高沟通成本，削弱团队协调作战的能力。

2.“这几个星期我很忙，我尽快做。”

找借口的一个直接后果就是容易让人养成拖延的坏习惯。如果细心观察，我们很容易就会发现在每个公司里都存在着这样的员工：他们每天看起来忙忙碌碌，似乎尽职尽责了，但是，他们把本应1个小时完成的工作变得需要半天的时间甚至更多。因为工作对于他们而言，只是一个接一个的任务，他们寻找各种各样的借口，拖延逃避。

3.“我们以前从没那么做过。”或“这不是我们这里的做事方式。”

寻找借口的人总是因循守旧的人，他们缺乏一种创新精神和自动自发工作的能力，因此，期许他们在工作中作出创造性的成绩是徒劳的。借口会让他们躺在以前的经验、规则和思维惯性上舒服地睡大觉。

4.“我从没受过相关的培训来干这项工作。”

这其实是为自己的能力或经验不足而造成的失误寻找借口，这样做显然是非常不明智的。借口只能让人逃避一时，却不可能让人如意一世。没有谁天生就能力非凡，正确的态度是正视现实，以一种积极的心态去努力学习、不断进取。

5.“我们从没想过赶上竞争对手，在许多方面人家都超出我们一大截。”

当人们为不思进取寻找借口时，往往会这样表白。借口给人带来的严重危害是让人消极颓废，如果养成了寻找借口的习惯，当遇到困难和挫折时，不是积极地去想办法克服，而是去找各种各样的借口。其潜台词就是“我不行”、“我不可能”，这种消极心态剥夺了个人成功的机会，最终让人一事无成。

把这些导致你失败的借口咽下去，化作行动的动力。接受任务就意味着做出了承诺，做出了承诺，就要无条件地去执行。

一家效益相当好的公司，为选拔高素质的营销人员，对前来应聘的人出了一道实践性的试题：把木梳尽量多地卖给和尚，限期10天。当时许多人对这一做法感到不可思议，议论纷纷，和尚怎么会买梳子呢？更有人认为，这是公司故意出的难题，把木梳卖给和尚有什么意义呢？

当场就有好多人表示对这一做法不理解而离开了，只有小王、小张和小李愿意一试，他们是这样想的，既然想成为这一家公司的员工，当然就要服从上司的安排，服从了就要去执行。于是他们三个人分头出去执行任务。

限期已到，小张卖出了一把梳子，小李卖出了10把梳子，只有小王完成得最出色，他卖出了1000把梳子。上司问他是怎样去完成的，他说，我只想成为这家公司的一员，当然要服从上司的安排，服从了就要去执行，只有想方设法把木梳尽量多的卖给和尚才算叫执行。

原来小王到了一个颇负盛名、香火极旺的深山宝刹。那里朝圣者如云，施主络绎不绝。小王对住持说："凡来进香朝拜者，多有一颗虔诚之心，宝刹应有所回赠，以做纪念，保佑其平安吉祥，鼓励其多做善事；我有一批木梳，你的书法超群，可先刻上'积善梳'三个字，然后便可做赠品。"住持大喜，立即买下1000把木梳，并请小王小住几天，共同出席了首次赠送"积善梳"的仪式。得到"积善梳"的施主与香客，很是高兴，一传十，十传百，朝圣者更多，香火也更旺。这还不算完，好戏跟在后头。住持希望小王再多卖一些不同档次的木梳，以使分层次地赠给各种类型的施主与香客。

任何一个老板都希望拥有更多的优秀员工，能不折不扣地完成任务，当老板让你做更多更重要的工作时，你如果能完美执行，且不找任何借口的话，会让老板非常欣赏你。

李天秀原来是一名普通的银行员工，后来受聘于一家汽车公司。工作了6个月之后，他想试试是否有提升的机会，于是直接写信向老板毛遂自荐。老板给他的答复是："任命你负责监督新厂机器设备的安装工作，但不保证加薪。"

李天秀没有受过任何工程方面的培训，根本看不懂图纸。但是，他不愿意放弃任何机会。于是他发挥自己的领导才能，自己花钱找到一些专业技术人员完成了安装工作，并且提前了一个星期。结果，他不仅获得了提升，薪水也增加了10倍。

"我知道你看不懂图纸，"老板后来对他说，"如果你随便找一个理由推掉这项工作，我可能会让你走人。我最欣赏你这种工作不找任何借口的人！"

在责任和借口之间，选择责任还是借口，体现了一个人的生活和工作态度，是积极的还是消极的，同时也决定了一个人是成功者还是失败者。

当你为自己寻找借口的时候，不妨听听这个故事，也许你能从中汲取你所需要的精神营养。

在一个漆黑的夜晚，坦桑尼亚的奥运马拉松选手艾克瓦里吃力地跑进了墨西哥市奥运体育场，他是最后一名抵达终点的运动员。这场比赛的优胜者早就领了奖杯，颁奖仪式早已结束，当艾克瓦里独自一人抵达体育场时，整个体育场已经几乎空无一人。艾克瓦里的双腿绑着绷带，沾满了血污，他努力地绕体育场一圈，跑到了终点。在体育场的一个角落，享誉国际的纪录片制作人格林斯潘默默地看着这一切。在好奇心的驱使下，格林斯潘走了过去，问艾克瓦里，为什么要这么吃力地跑至终点。

这位来自坦桑尼亚的年轻人轻声地回答说："我的国家从两万多公里之外送我来这里，不是叫我在这场比赛因伤放弃，而是派我来完成这场比赛的。"

没有任何借口，没有任何抱怨，执行就是他一切行动的准则。我们看到过很多这样的事实：许多有目标、有理想的人，他们认真工作，他们努力奋斗，他们用心去想、去做……但是由于过程太过艰难，种种原因让他们越来越倦怠、泄气，终于半途而废。他们不知道，要想达到一个目标，必须没有任何借口。只有积极寻找解决问题的办法，才能完美地执行任务。

"执行，不找任何借口"，看起来好像有点冷漠，没有人情味，但它却可以激发一个人最大的潜能。无论你是谁，在职场上，在人生中，无需任何借口，失败了也罢，做错了也罢，再妙的借口对于事物本身没有丝毫的用处。许多人生中的失败，就是因为那些一直麻醉我们的借口在作祟。

不要让借口成为你成功路上的绊脚石，搬开那块绊脚石吧！把寻找借口的时间和精力用到努力工作中来，因为工作中没有借口，人生中没有借口，失败没有借口，成功也不属于那些寻找借口的人！

◆ 养成三个好习惯

对工作专注用心

以发生在超市的一个小场景为例：一位消费者，在大卖场的货架之间徘徊，想找一瓶高蛋白含量的奶粉，看到一位服务人员在另一边整理货架。

"请问，我想找一罐高蛋白质含量的奶粉，请问可以在哪里找到?"

服务人员的反应可能有下列几种：

第一种：理都不理消费者，继续整理眼前的货架。

第二种：瞄消费者一眼，冷冷丢出一句话"不知道"。

第三种：客气地回答消费者"请你走到第三个货架，左转到横排第五个矮柜，算过去第八个篮子，你就可以看到奶粉专柜。"

第四种：服务人员立即停下手下的工作，聆听他描述产品，随即带他到奶粉货架，拿下一种销量较好的高蛋白质奶粉递给他，同时说："我想您挑选蛋白质含量高的奶粉，应该是想让您的宝宝长得更结实，我再推荐您另外一种高钙的产品给您试试，可以让您的宝宝更健康。"

对工作专注用心是做好任何事情的前提条件，在执行工作任务时，先把心思集中到如何快速、高效完成任务的思考上来。

速度第一

执行力高低的一个衡量尺度是快速行动，因为速度现在已经成为决定成败的关键因素。当然快与慢是辩证的，因为快速执行并不是要求你为了完成目标而不计后果，并不是允许任何人为了抢速度而降低工作的质量标准。迅捷源自能力，简洁来自渊博。员工的快速执行首先要建立在强大的思维能力基础之上。杰出的员工能够不断探寻业务模式和事物的因果关系，能够尝试从新的角度（同事角度、客户角度、竞争对手角度、公司角度、创造性角度）看问题。

注重团队协作

你的工作往往不是孤立的，要出色完成上司交代的工作，必然要依靠团队协作。强调执行力决不是要让你单枪匹马地闯荡，而是协同团队共同前进。

组织的团队精神包括 4 个方面：

同心同德：组织中的员工相互欣赏，相互信任；而不是相互瞧不起，相互拆台。员工应该发现和认同别人的优点，而不是突显自己的重要性。

互帮互助：不仅是在别人寻求帮助时提供力所能及的帮助，还要主动地帮助同事。反过来，我们也能够坦诚地乐于接受别人的帮助。

奉献精神：组织成员愿为组织或同事付出额外努力。

团队自豪感：团队自豪感是每位成员的一种成就感，这种感觉集合在一起，就凝聚成为战无不胜的战斗力。

第五章

自动自发

——创造性工作

自动自发的“千里马”

→ 你是公司的稀缺“资源”吗?

尺有所短，寸有所长，每个人都有自己独特的素质和能力，从多元化的价值观视角看，孰优孰劣无法轻易断定。在市场经济条件下，个人的价值需要通过他在创造经济效益的活动中所起的作用来体现，在效益这一杠杆的衡量下，个人的素质和能力就显现出优劣之分。个人的竞争力不仅取决于你的素质和能力本身，企业对特别符合自身效益的人才的需求状况也起着重要作用。用经济学的观点看，个人的核心竞争力，关键的是素质和能力的稀缺性。假如你拥有企业所需要的稀缺性资源，就会受到特别的青睐，这些特质也是你赖以成功的条件。在人力资源诸要素中，随着教育水平的提高，学历文凭、专业技能的重要性在逐渐下降，相反，支撑着专业技能发挥的职业素养越来越成为决定性的因素。据一项专业的人力资源调查，企业所必须的稀缺性人力资源要素主要体现为：

- 把公司的事当作自己的事，负责到底。
- 工作上精益求精，而不仅仅是应付了事。
- 结合工作需要不断自主学习，力求开拓创新，业务能力优异。
- 不抱怨、不发牢骚，一切从积极、乐观处着眼。
- 工作中乐于团结人，帮助人，而不是热中办公室政治较量。
- 严于律己，小事之中见品质。
- 懂得配合，擅长团队合作，人人愿意与其共事。
- 微笑乐观面对工作中遇到的一切难题。
- 主动找任务，把困难看成机遇。
- 对上司和老板怀着感激之心，对自己获得工作机遇怀着回报的态度。

总而言之，企业最需要的是能独当一面的自动自发的员工。他们不仅是企业发展的顶梁柱，也是生活中的成功者；工作中他们有条有理地忙碌着，生活中他们善于制造快乐，处处讨人喜欢。

→ 你不可以不做工作狂

在这个崇尚享乐主义、追求轻松生活的浮躁时代里，劝说人们去做工作狂，似乎已经变得不合时宜了。称赞别人“你很懂享受”比说“你工作很拼命”，更能让对方听了心花怒放。时尚类报刊杂志纷纷辟出专栏，很关切地提醒人们“你太累啦，该歇歇啦”，居心叵测地将人们的注意力引向贪图安逸、抓紧享受的主题，津津乐道地向人们推出一道道昂贵的休闲大餐。这种不负责任的享乐倾向，令人担忧地塑造了一批又一批懒散、叛逆、缺乏敬业精神的“Lazy 一族”。

然而，目前的中国社会是否富足到了可以让人们停下来好好享受的程度？我们的工作负荷是否真到了急需减负的时候？对于大多数普通的人来说，我们是否真的拥有不经努力就可轻松获得成功的天赋？

如果不是，我们怎可不做工作狂！

◆ 别人都是工作狂！

人类天性中具有好逸恶劳的特性，向往美好人生也是人们的健康追求。说实话，谁愿意做工作狂？

笔者刚踏入策划界的时候，一次在临下班前接到任务，要求为某项策划活动写新闻通稿，领导交代须在次日中午前上交。当时接到同样任务的，还有另两名同事。很不凑巧的是，晚上大家都得一起陪重要客户吃饭；更不凑巧的是，有几个人当场就喝趴下了，特别是我的那两位同事，几乎已经站立不稳，散席后，还要靠别人开车把他们送回家。

我也没少喝，回到家，尽管头痛得不行，但心里却异常清楚，知道这时候不可以倒头大睡，因为还有工作没完成。为保持清醒，我一遍一遍地用自来水淋头，写一会儿稿子，就跑出去狂吐一阵，涕泪交加地回来继续写。如此残忍地熬到凌晨一点多，才算把稿子赶出来了。

但我终究还是没能在领导面前抢得头功——因为第二天一早，同样将打印稿端端正正地摆到领导桌上的，还有我的那两位同事。他们的文章思路之清晰、遣辞之准确，怎么看都不像是“酒后胡话”——这实在大出我的意外。我原本以为，前夜他们都醉成那个样子，况且第二天还有一个上午的时间可以赶工，没有人还会像我一样拼命。

我的同事是在怎样的身心状态下完成工作的，你也可以想象得到。是什么原因促使他们克服身体的不适、玩命地工作呢？社会竞争！每个人，即使醉意昏然，也都在想，如果自己懈怠了，就会落在别人后头。

同事间这种“学、比、赶、超”的竞争现象，在很多民营企业里尤为突出和常见。特别是在一些浙籍民营企业里，管理、销售、设计人员日常的工作节奏已快到几乎令人发疯的地步。为了更好地完成业绩，他们都习惯了将自己的工作时间自动延长，谁也不希望成为第一个离开办公室的人。这大概是浙江民营企业获得成功的一个重要因素。

◆ MBA是超级工作狂

在最新公布的国内平均薪资排行榜中，MBA以71074元的年薪均值继续独领风骚，在国外，他们的收入更高。许多人羡慕MBA们的风光，可是你知道他们风光背后付出的超常艰辛吗？我国多数单位每周工作时间大约是40小时，而在美国服务于世界一流咨询公司的MBA们每周工作80多小时；服务于顶级金融机构的MBA们每周工作超过100小时。这是什么概念？这相当于没有周末，从星期一到星期日每天工作15个小时！

美国太远了吗？再看看香港的MBA。一群毕业数年后聚会的MBA，当他们得知其中一位同学每天晚上九点半可以下班，只有周六才加班，周日可以休息时，居然发出羡慕的“哗”声。

MBA是一种生活方式，是一种为追逐金钱和成就，不惜付出常人无法忍受的代价的生活态度。而这也正是每一位工作狂共同秉持的生活方式与态度。

"工作狂"之所以被认为是一种不健康的生活方式，是因为他们吃饭没有准点、睡觉更没规律、熬夜是家常便饭。但现在的心理学专家却提出了不同的见解："最重要的是个人对工作的态度。对工作不满的情绪甚至比没有规律的起居作息更有损健康，而对工作的满足感则对健康有利。"

你一定体验过激情，当你投入巨大的狂热时，往往是不知道累、也不知道饿的，整天神采奕奕、精力无限，甚至根本不生病。工作狂正是这样的"狂热分子"，他们因为热爱自己的工作而全心投入，工作时间虽长，但他却感到的是一种享受而不是压力；相反，一种令人感到无能为力而又没有安全感的工作，才会对健康造成损害。

◆ 哪一天闲下来，哪一天下岗！

文明的发展脚步越来越快，社会竞争也随之越来越激烈，在这种大环境下，你是选择多承担一些工作，还是天天巴望着工作量越来越少？

在许多人的眼里，要么是劳模，要么就是傻瓜才愿意多做事！一位在家电界工作的朋友，他既不是劳模，当然也不是什么傻瓜，他却选择尽量多做事。一年前，他是企业负责终端业务的科长，只负责对销售终端布置的规范性进行指导和提供咨询。可他好像喜欢跟什么工作都沾些边：企业培训导购员时，他是当仁不让的组织、策划和对口管理者；对外采购活动所需的礼品时，他老到的谈判能力和对消费者需求的熟知程度，使领导同意由他负责具体的评审、采购工作；他还大包大揽地承接了信息收集工作，为此安排专人每日为企业高层与相关职能部门整理、送报各项最新资讯……

现在，他的部属已从起初的2名发展到了20名，而且，随着人员的扩容和职能的增多，其所在的部门，也从科级待遇升格为局级编制。到这时候，还有谁会说他是"傻瓜"？

你当然有权利选择最轻松、最惬意的工作，但是，老板也有权利选择最敬业、最卖命的员工。人在职场，如果对上司交办的事务和其他部门商请的工作，能推则推、能挡则挡，惯以"这事我做不了"、"你还是找别人吧"这类看来有理的借口应对，最后你会发现自己在企业里已经是可有可无的人员了。

没有一家公司愿意出钱供养闲人。在日本，男人如果下班后早早回家，会被老婆瞧不起。按时下班意味着两种可能：一是老公没有人缘，也就会没有应酬；二是在单位里无足轻重、领导没有事情给他做，是个“闲人”。无论哪种情况，都将影响家庭的收入与生活质量，被老婆鄙视。日本的男人为了装扮成受到重视的形象，宁可下班后在酒吧泡至半夜才回家，也不愿被人视作是个一下班就无事可做的窝囊废。

有这样律夫极严的老婆，日本人焉得不勤奋？日本经济产业省的附属团体——“自由时间设计协会”公布的一项调查结果显示，在工作和业余生活的选择中，日本国民选择工作的“重视工作派”占35.1%，较1999年增加2.9个百分点。其中男性中的“重视工作派”达40%，同比增长4.3个百分点。越来越多的人认为工作比业余生活重要。

不论在西方还是在东方，“工作狂”的数量都在不断增加。在过去的10年中，日本增加了7成，美国的工作狂增加了5成，在中国也增加了至少4成。笔者近日与一位“工作狂”的企业界女强人聊天，在电话里她就大叹苦经，说每天工作时间都在12小时以上，“忙得都要崩溃了”。埋怨归埋怨，不等我开口，她又自我劝慰说：“不过跟太闲相比，我倒情愿忙一点。哪一天真干不动了，企业还雇你做什么？”

◆ 工作狂得到了什么？

前微软中国总裁唐骏在央视做《谈话》节目时说的一句话，颇具代表性。他说：“比别人勤奋一点点，就能超前别人一大步。”

我们身边不乏这样的例子。一位我所尊崇和熟悉的著名经济学家，平时研究、讲学工作已极其繁忙，同时还身兼多家机构的顾问之职。但就是这样一位大忙人，在最近的两年里，居然独力出了4本书。一次他告诉我，为了工作，他每天只睡6个小时。可见，即使是才华出众的人，若要成就事业，也须付出常人无法忍受的努力。

业绩无疑是“工作狂”最好的回报。许多刚踏入职场的年轻人，不愿为工作牺牲哪怕一丁点儿的私人时间，坚拒加班，他们的理由往往是“下班后的时间是属于我自己的，况且即使我在加班，也未必能被领导看见”。试问，这样的年轻人能在职场取得骄人成就吗？

加班岂止对企业才有利？白天的干扰和杂事太多，相比较而言，晚上是难得的能静下心来思考、学习和工作的时间。如能充分加以利用，不仅可以藉此机会为自己充电、不断提升自身能力，更可以做出优于别人的成绩。毋庸置疑的是，个人能力与绩效的提升是最能说明问题的：领导或许看不到你长期废寝忘食工作的身影，但不会对你的进步视而不见。而你非但无须为此支付培训费，却由单位来为你的加班贴补电灯费、空调费、电话费，兴许还有加班费，岂非也是赢家？

◆ 休闲和赚钱，哪一个先？

一位海滨游客看见一个渔翁在海边闲散而卧，便问他为何不出海捕鱼。渔翁反问为什么要出海捕鱼，游客说可以卖鱼赚钱。渔翁追问赚钱来干什么，游客说可以买更大的渔网更好的渔船。渔翁问买来干什么，游客说可以捕更多的鱼卖更多的钱。渔翁问要更多的钱干什么，游客说那样就可以不干活了。渔翁问不干活了干什么，游客说就可以永远在海边休闲了。口令绕到这里，渔翁最经典的一句话就出来了——我现在不是在休闲吗！

游客的态度代表了工作狂的生活价值观，渔翁则是 Lazy 一族的最佳代言人。西谚说“No pains，No gains”，这颇能解释在最新的一份调查中，何以有 33％的美国人愿意长时间工作，因为，长时间工作意味着经济繁荣和更高品质的生活。几乎所有欢乐的取得都要经历痛苦，只是承受痛苦的方式不同而已。可是不管怎样，我们绝不应自暴自弃，为了成功，惟有竭尽全力，默默忍受奋斗的艰辛。等待我们的当然并不都是成功和喜悦，但是我们最终会明白，那些奋斗拼搏的日子正是追求幸福的过程，也正是我们希望拥有的美丽日子。

【自测自评】你是个自动自发的员工吗？

自动自发不仅是一个人的工作态度，在实际工作中，它体现为一个人“做什么”和“怎么做”。以下是你在工作中会经常遇到的事务或情境，当你面临这些情境时，你会怎么做？仔细想想，千万不要为了迎合你的上司做出违心的答复。如果你觉得自己的选择不太符合一名自动自发员工的表现，那也得如实面对。

①在新的工作年度开始之际，假如还没有明确的部门工作计划，你是否会结合本部门的上年度工作执行情况和企业的中长期目标，自主订立工作计划？

②如果你是销售部的员工，在工作中你了解到顾客对公司的产品广告有负面评价，你是否会跨部门向市场策划部提出改善意见？

③上司让你在下班前提交上月的工作报告，当你去文印室打印报告时，被告知恰好打印机坏了。你是借机拖延，还是想办法克服困难，比如去附近的复印店？

④公司最近接了一个大单子，客户要求在10月10日前交货。由于公司已经挤占了你的“5·1”假期，因此不好意思再提出让你在国庆假期加班。你会怎么做？

⑤网络部的小张病假在家休息，公司的计算机网络遭到病毒攻击，陷于瘫痪。公司其他人员都不熟悉网络维护，你是人事行政部的员工，精通网络维护。你是否会自告奋勇？

当然，自动自发可不仅仅是体现在上述5个方面。事实上，自动自发是一种渗透到你一言一行中的全面的态度，当它成为你的作风时，你将在工作的每一个环节都发现原来事情应该是这样做的。

【习惯训练】发掘你的自动自发潜力

◆ 发现你的自动自发潜力

在美国，潜能开发正在风靡于各大企业。“潜意识蕴涵着三万倍于你现在的能量”，美国著名心理学家博恩·崔西如是说。这意味着只有把潜意识的力量开发出来，我们才能获得巨大成功。

潜能开发的本质是脑力开发，它也称“第五层次开发”。人的第一层次开发是“知识更新”；第二层次开发是“技能开拓”；第三层次开发是“思维创新”；第四层次开发是“观念转变”。

潜能开发就是你解决各种问题的一把钥匙，它的主要开发方法是心理修炼。潜能开发有几种技巧：

自我目标激励：设立目标，并且使目标视觉化、形象化，并且制作成自己的梦想板！

自我正面暗示：努力将负面感觉转化为个人修炼过程中的一个环节，每天工作之前庄重地告诉自己——我正在一点点地全面改善自己，我已经听到成功的脚步声了。

光明思维：思考问题要看到事物光明的一面，始终怀着积极的心态处理工作中的事务。面临工作上的压力，你可以将它想象成每一份压力相当于往自己的人生银行里存入一笔财富。

综合情绪：情绪与智力正如鸟之两翼，车之两轮，可以帮你走向成功的彼岸。当然情绪是把双刃剑，失控的情绪将极大地破坏你的工作能力。工作的负担往往会让人感觉沉闷压抑，加上一些不可避免的人际摩擦，很容易做了情绪的奴隶。你需要掌握一定的技巧放松自己，使心灵松弛下来。

潜能开发的误区，一是没有认识到自己有潜能；二是只把着眼点放在某些具体技能上，没有注意到一个人需要均衡发展；三是潜能开发跟做事是另一回事，不要每天只是停留在潜能开发的训练上而不做任何事。最好方法是，在你做事情的时候，在你工作的时候着力提醒自己这是在实践潜能开发。

◆ **改善工作 EQ**

你的工作 EQ 及格吗？到底有哪些特质是不可或缺的工作 EQ 呢？研究中发现，导致职场成功的关键因素中，EQ（工作态度相关特质）的重要性，至少是 IQ（专业技能学习）的两倍。

想要在工作上有着耀眼表现的你，除了应具备专业技能外，还应该快快锻炼自己的工作 EQ，两者兼备才能真正地掌握成功。

辛欣是一家外商公司的总经理，她很重视和部属之间的关系，认为员工是公司最宝贵的资产，值得好好培养。几个月前公司招募新人时，她发现其中一位叫韩杰的应聘者，拥有名校学历，专业能力也很强，计算机的水平更是顶刮刮。辛欣当下觉得自己挖到宝了，立刻就录用了他，并决定好好带他，培养他成为自己的接班人。不料，虽然韩杰专业能力很强，但才开始上班没多久，他就惹火了办公室的同事，并且从此拒绝和对方有工作上的接触。一两个星期后，他又开始抱怨自己头痛，而且胃也不舒服，于是三天两头地请假。韩杰一离开了公司就不见踪影，公事也从不交代进度，往往耽误了大伙儿的事情。今天一早，辛欣发现韩杰的桌子又是空着的。想起当初对他的期望，她不禁叹了一口气："唉！这么优秀的一个人，怎么会表现这么差呢？"

许多企业的管理者都面临着类似的困扰，手下带着一批"学历佳，却表现差"的员工，怎么都使不上力，真不知如何是好。现在的高科技企业在招人时几乎众口一致地强调工作 EQ，之后才是专业能力。换句话说，管理者最欣赏的员工，是有着良好的工作态度的职场人；而真正能够在工作上大放异彩、表现杰出的人，也正是那些拥有良好工作态度的人。

究竟什么是"良好的工作态度"呢？

按照管理心理学家的研究，良好的工作态度首要指的是稳健的工作心理特质，也就是良好的 EQ。依照哈佛大学教授高曼博士的研究，重要的工作 EQ 包括：

(1) 情绪的察觉力：能清楚的知道自己当下的情绪状态，以及这些情绪所带来的影响。
(2) 正确的自我评价：能了解自己的长处和短处，以及自己在情绪处理上的能力及限制。
(3) 自信：肯定自我价值，并在冲突时，能以自我肯定的方式来进行沟通，解决问题。
(4) 自我控制力：能抑制冲动，冷静面对压力及其他负面情绪。
(5) 值得信赖：能自我管理，并且工作表现合乎职业道德。
(6) 良知负责：为达成工作目标会尽一己之责，遵守承诺，完成工作任务。
(7) 适应力：有弹性地对待事情，能调整自己的反应以符合不断变化的环境。
(8) 创新：对新颖的想法和做法保持开放态度，愿冒风险，以求取更佳的表现。
(9) 成就驱力：愿意为追求卓越而不断努力，设定富挑战的工作目标。
(10) 工作承诺：认同工作团体，愿意为组织的目标全力以赴。
(11) 主动：积极自动，随时准备把握机会去完成工作任务。
(12) 乐观：对未来充满希望，不受眼前的挫折影响，坚持达成目标。
(13) 了解别人：富有同情心，了解别人的想法及感受。
(14) 服务导向：能预期、了解，并乐于满足客户的需求。
(15) 协助他人发展：了解同事及下属的发展需求，并且乐于支持及协助。
(16) 习惯多元化的团体：了解成员之差异性，并能尊重来自不同背景的组织意见。
(17) 政治意识：能正确解读组织内关键的政治关系，具有良好的职场政治敏感度。
(18) 说服力：能发挥有效的说服艺术，建立人际共识。
(19) 沟通力：能传递清晰信息，懂得倾听，乐于沟通。
(20) 领导力：能激励并领导团体成员去达成任务。
(21) 催化改变：能引发必需之改变，并克服改变所产生的障碍。

(22) 冲突管理：能有效地协商，并解决争议。

(23) 建立人脉：能发挥人际技巧，培养互利的人际关系。

(24) 分工合作能力：能与别人一起工作以达成共同目标。

(25) 团队精神：在团体中能尊重、协助其他成员，并产生团体认同感，增加团队凝聚力。

◆ 养成积极主动的习惯

成功与失败，都源于你所养成的习惯。著名的成功学大师拿破仑·希尔说：我们每个人都受到习惯的束缚，习惯是由一再重复的思想和行为所形成的，因此，只要能够掌握思想，养成正确的习惯，我们就可以掌握自己的命运，而且每个人都可以做到。

君子慎独。你需要养成老板不在身边却更加卖力工作的习惯。如果只是在别人注意你时才有好的表现，那么你永远无法走到成功的顶峰。千万记住，你对自己的期望应当比老板对你的期望更高。

要想登上成功之梯的最高阶，你得永远保持主动率先的习惯，纵使面对缺乏挑战或毫无乐趣的工作，依然能一丝不苟，终能最后获得回报。当你养成这种自动自发的习惯时，你就有可能成为人上人。实际上，那些居于较高职位的人也是因为他们以实际行动证明了自己勇于承担责任，值得信赖。

自动自发地做事，同时为自己的所作所为承担责任。那些成就大业之人和凡事得过且过的人之间的最根本的区别在于，成功者懂得为自己的行为负责。没有人能促使你成功，也没有人能阻挠你达到自己的目标。

作为企业的一名员工，你需要一如既往地发现那些你需要做的事情，哪怕并不是你分内的事。在任何工作中，自动自发的人都能发现超越他人的机会，不仅让雇主满意，更让自己能出人头地。

每一位雇员在每一项工作中都要倾听和相信这一点：你可以使自己的生活好转起来，就从今天开始，就从现在的工作开始，而不必等到遥远的未来的某一天，找到理想的工作再去行动。

所谓的主动，指的是随时准备把握机会，展现超乎他人要求的工作表现，以及拥有“为了完成任务，必要时不惜打破常规的智慧和判断力”。一个优秀的员工应该努力培养自己的主动性，建立工作上的自尊心。自尊心的高低往往影响工作时的表现。那些工作自尊低的员工，墨守成规、避免犯错，凡事只求忠诚公司规则，老板没让做的事，决不会插手；而工作自尊高的员工，则勇于负责，有独立思考能力，必要时会发挥创意，以完成任务。

◆ 自我薪水激励计划

薪水是个人生活的主要来源，不可否认它在你的职业生涯中的重要地位。只为薪水工作的态度固然不可取，但是，消极被动地等待公司给你加工资同样是落后的。结合职业生涯规划，制订符合个人实际的薪水计划是自动自发的员工必不可少的一项能力。

制订薪水计划实际上就是你为自己的工作订下一个蓝图。在描绘这幅蓝图时，请遵循以下原则：

1. 理想和现实的平衡

你为自己设定的薪水目标以能最大限度激励自己为标准。太低了不能激发你的工作热情，让你看不到希望；太高了则好高骛远，容易让你迷失方向，让你失去工作耐心，甚至走邪门歪道。假如你现在的月薪是 2 千，在同级别员工中处于中等水平，那么，合理的第一步目标应该是先争取达到该级别优秀员工的薪水，而不是仰望公司总裁的收入。你应当客观评价自己的能力，不要看不到自己的潜力，也不要忽视自己的努力所能带来的巨大改观。

2. 循序渐进

这意味着你需要丢弃“一分钟百万富翁”的幻想。你的薪水是你工作成就和工作能力的客观反映，工作能力的提高决非一夜之间即可实现，所以，你应该有耐心，把重点放在一点一滴的能力积累上。传销之所以屡禁不止，就是因为许多人存在着一夜暴富的心理，发财的迷梦遮蔽了人们的理智。个人收益的增长是建立在社会财富积聚的基础上的，同样，你的收入也是以公司业务和利润的扩张为前提的。

分析一下所在行业的薪资行情，预测这个行业的发展趋势，然后制订自己的短期、中期和长期目标。

3. 配合职业计划

在正常情况下，你的收入是随着行业的景气状况和公司的实际盈利能力呈现波动的。若要使自己的薪水更上一层楼，你必须额外付出努力，增长自己的工作技能，或是历练自己的管理才能。安于现状不思进取，那就只能等待通货膨胀来提高你的薪水了。假如一名普通人事专员的年薪是 3 万，高级人力资源管理者的年薪是 5 万，人事经理的年薪是 10 万，那么，要实现年薪 10 万，你就需要在未来数年里掌握自己能力的“三级跳”。除了日常工作中学习经验，你还需要参加专门的培训以便实现工作技能的质的飞跃。

创造性完成工作任务

→"加心"才能加薪

李逵和李鬼同时受雇于一家店铺，最初他们拿同样的薪水。可是，两个月以后，不知怎么回事，李逵青云直上，老板对他又是升职又是加薪，而李鬼却仍在原地踏步。李鬼不满意老板的偏心，认为自己遭到了不公正对待，终于有一天他到老板那儿发牢骚了。老板一边耐心地听着他的抱怨，一边在心里盘算着怎样向他解释清楚他和李逵之间的差别。

"李鬼，"老板对他说，"您现在到集市上去一躺，看看今天早上有什么卖的?"

一会儿功夫，李鬼便从集市上回来向老板汇报："今早集市上只有一个农民，他拉了一车土豆在卖。"

"有多少?"老板又问。

李鬼答不上来，于是赶紧戴上帽子又跑到集上，然后回来告诉老板："一共 40 袋土豆。"

"什么价格呢?"老板继续问他。

"您没有叫我打听价格呀!"李鬼委屈地申诉。

"好吧，"老板接着说，"您先坐到这把椅子上，别出声，看看别人是怎么做的。"老板把李逵叫来，吩咐他说"李逵，您现在到集市上去一下，看看今天早上有什么卖的。"

李逵也很快就从集市上回来了，他一口气向老板汇报说："今天集市上只有一个农民在卖土豆，一共 40 口袋，价格是两毛五分钱一斤。我看了一下，这些土豆的质量不错，价格也便宜，于是顺便带回来一个让您看看。"

李逵边说边从提包里拿出一个土豆，"我想这么便宜的土豆一定可以赚钱，根据我们以往的销量，40 袋土豆在一个星期左右就可以全部卖掉。所以我把那个农民也带来了，他现在正在外面等您回话呢。”

此时老板转向了李鬼，说：“现在你知道为什么李逵的薪水比您高了吧?”

李鬼无语。

任何一个企业都迫切的需要那些主动、负责、具有创造性的员工。优秀的员工不是被动地等待别人安排工作，而是主动去了解自己应该做什么，做好计划，然后全力以赴地去完成。

李鬼与李逵的差距与其说是工作态度上欠缺积极主动性，不如说是工作方法呆板，思维僵化。像李鬼这类员工虽然也具有不错的敬业精神，一般也能按时按质完成领导交代的任务，但总是让人感觉缺乏那么点生气，因而总不能得到领导的信任，无法委以重任。

我们不用怀疑李鬼们对企业的忠心，也不用担心他们会在工作上偷工减料；然而企业要发展，必须依赖那些超越平庸刻板、具有创造精神的员工。李鬼们在工作上总是缺乏开拓进取的精神，他们把自己当成一台机器，满足于机械地执行领导的工作部署；他们墨守成规，不敢越雷池半步，凡事都不敢有自己的想法；他们往往把上司纲领性、方向性的指示当作自己工作的完全操作指南。“聪明的”李逵知道自己的价值所在，他明白，老板吩咐自己去市场“看一看”，如果自己真的只是“看一看”，那又怎么对得起老板支付的薪水呢？有哪个老板愿意为只懂得“看一看”的愣头青支付高薪、委以高职呢?

实际上，积极主动也是创造性的一个基本要素。创造意味着突破教条，从既有的工作思路中跳出来，对事态的发展有前瞻性的预见，能够独立地判断、选择诸多可能方案中最有效的一个。一个有准备的头脑才能突破“看一看”的狭隘视野，关键时刻要打开工作局面，离不开平时积极主动的资料收集和分析。李逵在前往市场的途中已经开始了周密的思考，揣摩老板让他“看一看”的真正意图，联系到店里的业务状况，如此举一反三，他才能做出李鬼跑三五趟也办不到的事。

企业里有许多事务属于简单、机械的操作，这本是企业工作流程中不可缺少的环节，然而，有些员工却在日复一日的事务性工作中把自己也“打造”成不会思考的机械动物，最后不可避免地沦落为企业发展的包袱。

【自测自评】你需要添加思维“防腐剂”吗?

◆ 规划创造性测试

测试说明：一个社会场景可以有不同的解释。将你所想到的所有可能的解释都写下来，只写纲目性的词语即可。下面给出了五种场景，你需要在20分钟内完成。准备好一个短时闹钟或跑表来限定你的时间。

评分标准：在规定的时间内每写出一种解释得一分，重复无效。

Ⅰ 在飞机起飞大厅

在广州白云机场候机厅的一角坐着一位年轻的妇女，她不时地擦掉眼角的泪水。请你给出尽可能多的解释。限时5分钟。

①______________________________

②______________________________

③______________________________

④______________________________

⑤______________________________

⑥______________________________

⑦______________________________

⑧______________________________

⑨______________________________

⑩______________________________

Ⅱ 新领导

李逵最近被任命为梁山水酒有限公司市场部经理，负责华北区的市场策划。刚开始的时候，他经常沉默寡言。近来，他变得活跃起来了，有时，他会独自捋着自己的胡子露出神秘的微笑。请你给出尽可能多的合理解释。限时5分钟。

①
②
③
④
⑤
⑥
⑦
⑧
⑨
⑩

Ⅲ 在商场里

李夫人站在试衣镜前，她将衣服一件接一件地拿过来，对着镜子打量着自己。突然间，她泪如雨下。请问，她为什么会有这样的举动？限时5分钟。

①
②
③
④
⑤
⑥
⑦
⑧
⑨
⑩

Ⅳ 在超市里

周杰先生在超市的酒类柜台旁走过。忽然，他下意识地转过身来，拿了两瓶香槟酒，然后立刻向付款台走去。之后，他没打招呼就匆匆离开超市。请你给出尽可能多的解释。限时5分钟。

①______________________________

②______________________________

③______________________________

④______________________________

⑤______________________________

⑥______________________________

⑦______________________________

⑧______________________________

⑨______________________________

⑩______________________________

若你有类似的答案，给自己额外加 5 分。

"在飞机起飞大厅"：这位妇女之所以流泪是因为她患有沙眼，按规定，她不能登机。

"新领导"：李逵是个体育迷，时值雅典奥运会举行，他非常想看比赛。做了市场部经理，负责华北区的市场策划，他需要经常出差，这意味着，雅典奥运会期间他有大部分时间得在列车上度过，会错过比赛，所以一开始他闷闷不乐。后来，他得知铁道部新开通 Z 系列直达特快列车，内有无线电视，还可接通宽带网络，这样，他就可以在列车上观看他喜爱的比赛项目了，所以他露出了神秘的微笑。

在商场里：李夫人最近跟丈夫关系不大好，正在闹离婚，可是他们感情很深厚，说实在的她舍不得。心情郁闷的她来到商场，想通过购物舒缓一下痛楚的心情。就在她心神不安，一件件试衣服时，她看到镜子里一个捧着一大束美丽鲜花的男子关爱地站在自己的身后。原来是丈夫回心转意，在她没注意时悄悄跟着她来到商场，这不，他在鲜花专柜挑了妻子最喜爱的粉色百合，配上象征爱情的红玫瑰，专注地看着可爱的妻子。你说，李夫人怎能不泪如雨下？

在超市里：周杰的哥们儿刘翔马上就要站在奥运会男子 110 米栏决赛的

跑道上了，他相信自己的哥们儿一定能够第一个冲过终点，拿下这块意义非凡的金牌。他邀请了一些朋友聚集在自己的院子里，准备欢庆刘翔的胜利。还有半小时决赛就要鸣枪了，他发觉家里没有香槟了，这怎能尽兴。于是，他匆匆来到附近的超市……

得分 10 分以下：你太缺乏创造力了，强烈建议你给自己添加思维防腐剂。

得分 10—20 分：你的创造力指数一般，还需要好好锻炼，给自己加点思维润滑油吧。

得分 21—30 分：你具有良好的创造力，在工作中一定常有上佳表现。

得分 30 分以上：你有诸葛孔明风范，永远不会缺乏有价值的新点子，不过要谨防心术不正。

◆ **数数有多少个正方形**

下面这个图像是由八条相等线段组成的正方形，你能从中数出总共有多少个正方形？

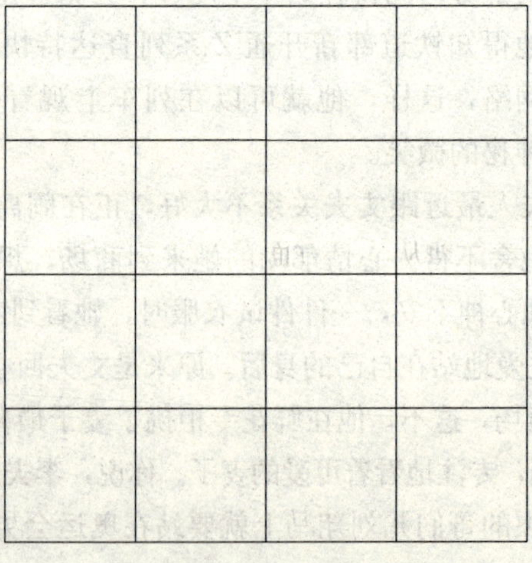

设定最小正方型边为 1 的话，则：
边长为 1 的有 16
边长为 2 的有 9
边长为 3 的有 4
边长为 4 的有 1
总数则为 30 个

这道题颇能反映一个人解决问题所采取的思维方法。如果你只是采用土办法，瞪大你的眼睛，一个个去数，不仅费时，而且往往挂一漏万。相反，若你遵循一定的逻辑顺序，从不同边长入手，就无须太劳累眼神了，而且得出的答案一定不会出错。

【习惯训练】为自己戴一顶思考帽

◆ 怎样培养你的创造性思维

创造性思维是人类的高级心理活动，是各种出类拔萃人才所必须具备的基本素质。创造性思维是在一般思维的基础上发展起来的，它是后天培养与训练的结果。著名的喜剧大师卓别林为此说过一句耐人寻味的话："和拉提琴或弹钢琴相似，思考也是需要每天练习的。"因此，我们可以运用心理上的"自我调节"，有意识地从几个方面培养自己的创造性思维。

1. 展开想象的翅膀

心理学家认为，人脑有四个功能部位：一是以外部世界为对象接受感觉的感受区；二是将这些感觉收集整理起来的贮存区；三是评价收到的新信息的判断区；四是按新的方式将旧信息结合起来的想象区。只善于运用贮存区和判断区的功能，而不善于运用想象区功能的人就不善于创新。据心理学家研究，一般人只用了想象区的15%，其余的还处于“冬眠”状态。开垦这块处女地就要从培养想像力入手。

想像力是人类意识不断推陈出新的创造能力，在思维过程中，如果没有想象的参与，思考就会发生困难。爱因斯坦说过：“想像力比知识更重要，因为知识是有限的，而想像力概括着世界的一切，推动着进步，并且是知识进化的源泉。”爱因斯坦的“狭义相对论”就是从他幼时幻想人跟着光线跑，并能努力赶上它开始的。世界上第一架飞机，就是从人们幻想造出飞鸟的翅膀而开始的。幻想不仅能引导我们发现新的事物，而且还能激发我们作出新的探索，去进行创造性劳动。

2. 培养发散思维

发散思维，是指在解决一个可能有多种答案的开放性问题时，以这个问题提示的信息为思考的起点（中心），运用跳跃的、联想的思维，在问题和答案之间架起一道道桥梁。1979年诺贝尔物理学奖获得者、美国科学家格拉肖说：“涉猎多方面的学问可以开阔思路……对世界或人类社会的事物形象掌握得越多，越有助于抽象思维。”比如我们思考“砖头有多少种用途”。我们至少有以下各式各样的答案：造房子、砌院墙、铺路、刹住停在斜坡的车辆、做锤子、压纸头、代尺划线、垫东西、搏斗的武器……如此等等。

经常锻炼发散思维能保持你的创造活力，跳出狭隘的思维框架，为探求最有效的解决问题的方案打下坚实基础。在日常生活和工作中，你可以适当地“放纵”自己的思维，暂时摈弃那些熟悉的思考模式，从严格的必然性中解放出来去面对无限的可能性。

3. 发展直觉思维

直觉思维是指不经过循规蹈矩的逻辑分析直接面对问题本身的领悟或理解，它是创造性思维活跃的一种表现，是发明创造的先导。物理学上的“阿基米德定律”是阿基米德在跳入澡缸的一瞬间，发现澡缸边缘溢出的水的体积跟他自己身体入水部分的体积一样大，从而瞬间悟出了著名的比重定律。

达尔文在观察植物幼苗的顶端向太阳照射的方向弯曲现象时，“猜测”到了幼苗的顶端含有某种物质在光照下会跑向背光一侧。虽然在他有生之年未能证明这是一种什么物质，但后来的科学家们循着他的思路研究，终于在1933年发现了这种物质——植物生长素。

直觉思维在日常生活和工作过程中，有时表现为提出怪问题，有时表现为大胆的猜想，有时表现为一种应急性的回答，有时表现为解决一个问题，设想出多种新奇的方法、方案等等。

4. 培养思维的流畅性、灵活性和新异性

流畅性、灵活性、新异性是创造力的三个因素。流畅性是针对刺激能很流畅地作出反应的能力，灵活性是指随机应变的能力，新异性是指对刺激作出不寻常的反应，具有新奇的成分。1960年代美国心理学家曾采用急骤的联想或暴风雨式的联想方法来训练大学生们思维的流畅性。训练时，要求学生像夏天的暴风雨一样，迅速地抛出一些观念，不容迟疑，也不要考虑质量的好坏，或数量的多少，评价在结束后进行。速度愈快表示愈流畅，讲得越多表示流畅性越高。这种自由联想与迅速反应的训练，对于思维，无论是质量，还是流畅性，都有很大的帮助，可促进创造思维的发展。

5. 培养强烈的求知欲

古希腊哲学家柏拉图和亚里士多德都说过，哲学的起源乃是人类对自然界和人类自己存在的惊奇。他们认为：积极的创造性思维，往往是在人们感到惊奇时，在情感上燃烧起对这个问题追根究底的强烈的探索兴趣时开始的。要激发自己创造性学习的欲望，首先就必须使自己具有强烈的求知欲。而人的欲求感总是在需要的基础上产生的。没有精神上的需要，就没有求知欲。要有意识地为自己出难题，或者去“啃”前人遗留下的不解之迷，激发自己的求知欲。求知欲会促使人去探索科学，把自己拖进创造性思维之中。

6. 创造性想象的一种简单练习方法

以下是创造性想象基本技巧的一个简便实用的练习方法，针对的是那些已经习惯了循规蹈矩、怀疑自己创造力的人。

首先：把自己的意念集中在一个你喜欢的事物上，它可以是一个你愿意获得的东西（一款最新的时尚 MP3），一件你期待发生的事（升职），一个你乐意置身于其中的场景（坐在领导的办公室里），或是你希望在生活中改善的境况（把住房从 60 平米升级为 120 平米）。

选一个令你感到舒适的地方，或是一个你不会受到打扰的安静的地方，或坐或站，使自己的身体完全放松。从脚趾开始，自下而上一直到头顶，想象着一步步放松你身体的每一块肌肉，让所有的紧张从你的身体中流出。用你的腹部又深又长地呼吸，同时慢慢地从 1 数到 10，每数一下都能感觉到自己放松得更加彻底了。

当你感到自己已经完全放松了，让你期待中的事物走入你自由想象的天地。如果那是一款最新的时尚 MP3，就想象着自己走在繁华的街上听着幽雅的音乐；如果是领导任命你为主管，此刻不妨就像模像样地行使你的主管职责，比如让小王向你汇报下月的工作计划；如果你期望的是更大的房子，请你从口袋里掏出崭新的钥匙，打开防盗门，走进去好好欣赏你的卧室、书房……

现在把这个念头或形象鲜活地保存在你的头脑里，发自内心地对自己作一番积极、肯定的陈述（出声或不出声，随你喜欢）。这些生动的画面和肯定性的自我陈述是创造性的源动力，必须反复演练。

◆ 七种高效思维的方法

探究人类思维运动规律的学者对不同个体的实际思维活动过程和解决具体工作问题的过程进行对比研究，他们发现高效思维者与低效思维者思考过程的区别在于，前者思考问题条理清晰，后者则混乱无绪。高效的思维是有章法可循的，下面是学者们综合研究得出的高效思维的基本方法：

逐步接近法——这是一种把难题分解成相对简单的独立步骤，依次各个击破，从而使问题的解决变得容易的技巧。在把问题分解以后，耐心地一次只专注研究一个问题或问题的一个侧面，通过其中的逻辑联系找到你需要的答案。从问题中归纳出简明的“如果——那么”的关系，从而得到结论。

图表解析法——画出简图、表格、图解以及其他形象化的图形，来启发、帮助你思考，这种方法尤其适合于解决数学、物理上的问题。

重新表述法——用你自己习惯的语言、表达方式将问题或中间结论加以重新表述、等值转化（推论），这样能使你更好地进入问题情境，对问题理解得更透彻，为最终解决方法的获得缩短了时间。

分割限定法——通过某些简化的推论或直接抛开无关因素、不可能的因素以及方向，来缩小问题的范围。这就像放一个篱笆在问题的周围，把无关因素隔开，使你聚焦在真正的问题范围内，如此一来，问题的解答自然变得更加清晰、容易。

充分列举法——简明地但不能有遗漏地列举出所有你在寻找答案时应当加以考虑的各种方案、各种可能性、各种情况、各种安排、各种组合等。

系列连环法——把各种可供选择的方案，以及可能派生出来的方案按一定的逻辑关系整理出来；或按时间的序列，或按空间的序列，或按其他的某种关系，画出树形的图解或其他形式，使其形成系统、全面的连接，以便于你去追踪、考察，说明所有已知的、看起来有可能的办法和答案。

异常跳跃法——当你遇到异常的、难以走通的路，或是感觉到路太漫长，应及时停下来，重新考虑你的整个思路，跳跃到完全不同的思路、完全不同的观点或方法上去重新开始思考。扩大视野，把那些不寻常的、奇特的思路也包括进去。有时要借助于创造性的思维、形象思维的跳越来达到目的。

第六章

惜时如金、要事当先

做个吝啬时间的“葛朗台”

→ 一生只有 14 年在工作

朱自清先生在《匆匆》里写到：“洗手的时候，日子从水盆里过去；吃饭的时候，日子从饭碗里过去；默默时，便从凝然的双眼前过去。我觉察他去的匆匆了，伸出手遮挽时，他便从遮挽着的手边过去；天黑时，我躺在床上，他便伶伶俐俐地从我身上跨过，从我的脚边飞过。等我睁开眼和太阳再见，这又算溜走了一日。我掩着面叹息，但是新来日子的影子，又开始在叹息里闪过了。”

时间就是生命本身，再强调它的价值也不为过。对于时间的重要性，职场人士的体会一定很深刻，大部分人都会有这样的感慨：就在不知不觉的上下班中，一周又一周飞逝而过。的确，职场人士的时间单位不是以小时、天为单位计算的，倏忽而过的一周才是他们可以清晰感知到的时间概念。小时候无忧无虑的孩子总是担心时间过得太慢，人到成年以后，随着生命节奏的加快，时间也突然由悠闲的踱步变成匆匆的急行军。实际上，人对时间的体验也遵循相对论，而不是一分一秒均匀流逝，一旦进入职场，时间就以加速度运转。

有人曾统计过，一个活到 72 岁的美国人一生的时间分配：

睡觉 21 年

工作 14 年

个人卫生 7 年

吃饭 6 年

旅游 6 年

排队 5 年

学习 4 年

开会 3 年

打电话 2 年

找东西 1 年

其他 3 年

可见，尽管职场人士每天花在工作中的时间往往超过 8 小时，可是一生当中累积起来却只有不到 20%。在这不到 20%的工作时间里，你需要为自己整个一生积攒下必须的生活资料，小到一日三餐，大到买房照顾家人。正常情况下，付出与回报是大体成正比的，当然，衡量付出的可不仅仅是投入的工作时间。人的精力有限，因而每个人花在工作上的时间大体是相当的，而收获却大不一样，差异显然在于不同的工作效能。时间对于每个人都是公平的，没有人可以享受一天 25 小时的特权；人们强调要珍惜时间，说的其实就是要提高工作效能。

我们无法挽留时间，但我们可以控制时间的“流向”，通过有效地时间管理，让时光流向有意义的地方。

→ 控制时间的流向

◆ 事情的四个层次

每个人每天面对的事情，按照轻重缓急的程度，可以分为以下四个层次：重要且紧迫的事，重要但不紧迫的事，紧迫但不重要的事，不紧迫也不重要的事。

A. 重要且紧迫的事情

这类事情是你最重要的事情，而且是当务之急，有的是实现你的事业和目标的关键环节，有的则和你的生活息息相关，它们比其他任何一件事情都值得你优先去做。只有它们都得到合理高效地解决，你才有可能顺利地进行别的工作。比如，对于一个依赖电脑的美术编辑，修理坏了的苹果机；对于一个市场策划人员，做好市场调查和分析。

B. 重要但不紧迫的事情

这种事情要求我们具有更多的主动性、积极性和自觉性。从一个人对这种事情处理的好坏，可以看出这个人对事业目标和进程的判断能力。因为我们生活中大多数真正重要的事情都不一定是紧急的。比如读几本有用的书、休闲娱乐、培养感情、节制饮食、锻炼身体。这些事情重要吗？当然，它们会影响我们的健康、事业还有家庭关系。但是它们急迫吗？不。所以很多时候这些事情我们都可以拖延下去，并且似乎可以一直拖延下去，直到我们后悔当初为什么没有重视，没有早点来着手重视解决它们。对于重要但不急迫的事情，你最好腾出专门的时间，养成定时应对的习惯。

C. 紧迫但不重要的事情

有这样的事情吗？当然，而且随时随地会出现。本来你已经洗漱停当准备休息，好养足精神明天去图书馆看书时，忽然电话响起，你的朋友邀请你现在去酒吧聊天。你就是没有足够的勇气回绝他们，你不想让你的朋友们失望。然后，你去了，次日清晨回家后，你头昏脑涨，一个白天都昏昏沉沉的。你被别人的事情牵着走了，而你认为重要的事情却没有做，这或许会造成你很长时间都比较被动。高效能人士处理这类小事的一般做法是，尽量做好工作安排，杜绝“骚扰”，有理有节地拒绝。

D. 既不紧迫又不重要的事情

很多这样的事情会在我们的生活中出现，它们或许有一点价值，但如果我们毫无节制地沉溺于此，我们就是在浪费大量宝贵的时间。比如，我们吃完饭就坐下看电视，却常常不知道想看什么和后面要播什么，只是被动地接受电视发出的信息。往往在看完电视后觉得不如去读几本书，甚至不如去跑跑健身车，那么刚才我们所做的就是浪费时间。

你的时间都花费在哪里了？是 A 吗？要是那样，可以想象你每天的忙乱程度，这么做会耗费你巨大的精力，而一个又一个问题会像大浪一样向你冲来。要是经常这样，你早晚有一天会被击倒、压垮、焦头烂额、狼狈不堪。

要是 C 的话，你的工作效率就可想而知了。不要以为这些是紧急的事就认为它们也很重要，实际情况是，这些事情的紧迫性常常是由别人的轻重缓急来决定的，你始终在被别人牵着鼻子走路。

要是 D 呢？很遗憾，如果长此以往，你将一事无成。你既没有工作效率，也没有丝毫的工作效能可言。它除了浪费了你很多时间以外，还证明你是一个控制不住自己情绪的人。

只有 B，它才是卓有成效的个人管理的核心。尽管这些事不紧急，但它却决定了我们的生活质量、受教育程度、品味培养、工作业绩等等。只有养成“做要事不做急事”的良好个人习惯，你工作起来才会驾轻就熟。你会提前做工作计划，经常锻炼身体，保持良好状态，并且避免了临阵磨枪的紧张和尴尬。这也就是我们所提倡的。

著名管理大师彼得·德鲁克通过大量研究发现，那些在工作中忙碌却效率低下的人士（很不幸，这样的人比比皆是），他们把自己90％的时间花在了A类事务上，以应付那些看来永无穷尽的紧急事，又几乎把剩下的10％的时间花在了D类事务上。他们的行为与那些高效能人士恰恰相反，这样的人基本上过着一种不负责任的生活。

◆ 堵住八大时间漏洞

浪费时间有两种原因，一是因为对生命没有紧迫感，对时间不够重视，没有养成遇事马上做，今日事今日毕的好习惯。有些人总是习惯把今天应当而且可以完成的事情推到明天去做，以至于“明日复明日，明日何其多；我生待明日，万事成蹉跎。”殊不知，昨天是期票，明天是支票，今天才是现金，万事等明天必然养成懒惰、拖沓的恶习，最终落得虚度年华，闲白少年头。第二种原因是没有科学管理时间的方法与技巧，总是低效率重复劳动，整天忙碌却成效甚微，甚至“累死磨旁”。

这两大原因进一步扩散为八大时间漏洞，造成在工作中时间的大量流失。

①缺乏明确的目标；没有细致的时间计划；仓促决策，造成计划不充分、中途经常变更、修改；没有计划的等待。

②习惯拖延，行动缓慢。处事优柔寡断，常常对预定结果抱怀疑态度。

③缺乏优先顺序，想做的事情太多，同一时间里被多个想法策略困扰；作盲目无用的尝试；做事有头无尾。

④缺乏条理与整洁，杂乱的办公室和工作桌、个人资料摆放无序。

⑤与同事过多的争论、情绪性地沟通。

⑥电话太多；被突然来访者打扰；过多的会议；缺少自律、不能控制闲谈；不会拒绝别人的请求。

⑦过多的文案工作、邮件、读物。

⑧疲劳、压力、紧张忧虑、焦急心理损耗大。

→ 旋转时间管理的魔方

◆ 设立明确的目标

成功等于目标的实现，时间管理的目的是让你在最短时间内实现目标。目标是你的工作头绪，你应当把年度要完成的任务列成若干个目标书写出来，找出其中的核心目标，依次排列重要性。然后，依照你的目标设定一些详细的实施计划。列一张总清单，把今年所要做的重大任务都列出来，并进行目标切割：

年度目标切割成季度目标，列出清单，每一季度要做哪些事情；

季度目标切割成月目标，并在每月初重新再列一遍，碰到有突发事件而更改目标的情形时便及时调整过来；

每个星期天，把下周要完成的每件事列出来；

每天晚上把第二天要做的事情列出来。

◆ 80/20 定律

用你 80%的时间来做 20%最重要的事情，因此你一定要了解，对你来说，哪些事情是最重要的，是最有生产力的。事有轻重缓急，然而到底应重点、优先做哪些事情，却需要你自己判断。

◆ 每天腾出思考时间

每天至少要留给自己半小时到 1 小时的“不被干扰”时间，在这些时间里，可以依照当日的工作安排把工作思路再整理一下，或者在中途停下来反思一下自己做得对不对，还有没有更好的方法。

◆ **一次就做完**

同一类的事情最好一次把它做完。假如你在做纸上作业，那段时间就都做纸上作业；假如你是在思考，那么索性把这一天需要思考的内容都检阅一遍；需要打电话时，最好把电话累积到某一时间一次打完。当你重复做一件事情时，你会熟能生巧，效率一定会提高。

◆ **做好"时间日志"**

时间日志的作用不言而喻，它不仅让你更珍惜时间，提醒你注意办事效率，还能在你忙得失去头绪的时候给你最清晰的指点。你花了多少时间在哪些事情，把它详细地记录下来。从你苏醒的那一刻开始，对一整天行踪做一番有条理的跟踪报道。以事件为单位，着重记录花在每件事情上的时间，并可简约描述你办事的过程。一天做了哪些事，浪费了多少时间，哪些时间办事效率比较高，哪些时间适合做机械性的事务，时间日志都有详细记载。长期坚持下来，你就对自己的工作能力和工作方法有比较全面的了解，可为今后改进方法，制订适合自己的工作计划打下坚实基础。

【自测自评】你的时间管理有效率吗?

时间对任何人而言都是重要资源，对职场人士更是珍贵；然而在环境的压力下，一般人常会放弃自己职业上应做的事，而去解决一些突发状况或干扰最大的事，结果把生活步调弄得天天都在应付突发的紧急情况，无形中牺牲许多生活及工作上的乐趣和享受。

你是否有时间管理不良的征兆？看看以下这些问题：

1. 你是否同时进行着许多个工作方案，但似乎无法全部完成？

2. 你是否因顾虑其他的事而无法集中心力来做目前该做的事？

3. 如果工作被中断你会特别震怒？

4. 你是否每夜回家的时候累得精疲力竭却又觉得好像没做完什么事？

5. 你是否觉得老是没有什么时间做运动或休闲，甚至只是随便玩玩也没空？

评价

对这些问题，只要有两个回答“是”的话，那你的时间管理就出了问题。有效的个人时间管理必须先对生活的目的加以确立。先去面对并发现自己生活的目标是什么，问问自己：“我每天在办公室的 8 小时究竟为什么而忙？”“到底想要实现什么？完成什么？”问自己这些问题也许不是挺舒服的事，但对自己的工作生活颇有启发作用。接下来应要求自己“凡事务必求其完成”，未完成的工作，第二天又回到你的桌上，要你去修改、增订，因此工作就得再做一次。不管有没有再拖下去，订单的退件率、客户的抱怨很可能因此随之而来。

【习惯训练】以结果为导向的时间管理训练

一个人之所以取得比别人更大的成就，时间管理是其中非常重要的因素；你若想在工作中取得更大的绩效，就必须从改善时间利用着手，切实对有限的时间资源做最精明的管理。绩效就是你的产出，在时间管理上，最关键的是履行以结果为导向的目标管理原则。

◆ 时间管理的心理建设

要把时间管理好，首先要作一番基础性的自我心理建设。

（1）认识：每一个人皆拥有一天 24 小时，而成功的人单位时间之生产力则明显地较一般人高。您要有把事情做好、时间管理好的强烈欲望，充分认识到以结果为导向的时间管理是关乎人生成败的重大战略事件。仅仅认识到时间等于金钱是不够的，实际上，对你来说，时间的价值高于金钱。这样在时间管理上下一番工夫，你才谈得上塑造自我理想，建立完美自我形象，进一步提升自我价值。每个人都应把自己当成一个时间管理的门外汉，努力不断地学习。若能每天节省 2 小时，一周就至少能节省 10 小时，一年节省 500 小时，则生产力就能提高 25％以上。

（2）意志：有了正确的认识还不够，你还必须不断强化这种认识，将它置于你严格的意志监督之下，切实树立时间管理的目标。

（3）操练：时间管理既是一种观念，更是一种技巧。观念与行为之间还有一段差距，你必须经常地去演练，才能养成良好的时间运用习惯。

（4）决心：下定决心持续学习演练，直到能运用自如。

◆ 策略性的目标设定

譬如射标，一定要有一个靶，才会射中标的。同样的，人生若没有目标，只会任由环境影响，而非自己影响环境。根据耶鲁大学研究，只有 3％的学生为自己订下目标，而其他的学生则没有。长时间的跟踪研究发现，当初订下目标的 3％学生，其成就远超过其余 97％学生的总和。

一般人不愿为自己设定目标的三个原因：

恐惧：怕万一达不到怎么办？他们被想象中的失败吓住，没有承担失败的勇气；

无此意愿：为何要设定目标，认为每天过得好好的就可以了，这种人得过且过；

将行动当成就：每天忙来忙去，好像很有成就感。其实行动不等于成就，有结果才算有成就，所以一定要设定成就目标。

在设定你的目标时一定要参照目标设定原则——目标要具体；目标必须是可衡量的；目标是可能实现的；目标是切合实际的；一定要设定时间表。

耶鲁大学的目标设定七个步骤：

（1）先拟定你期望达到的目标，一个人需要在三方面设定目标：个人家庭生活；职业生涯和财务目标；个人发展和专业发展。

（2）列出好处：您达到这目标有什么好处？譬如您有一个目标是想买房子，那么你应该详细列出买房子对您有哪些好处。

（3）列出可能的障碍点：您要达到此目标之障碍，可能是钱不够、能力不够等，一一列举。

（4）列出所需资讯：思索需要哪些知识、协助、训练等。

（5）列出寻求支持的对象：一般而言，很难靠自己一个人即能达到目标，所以应将寻求支持的对象亦一并列出。

（6）制定行动计划：一定要有一个细致的行动计划，将要办的事务与你的时间一一对应。

（7）严格设定达成目标的期限。

◆ 设定优先次序

每个人每天都有非常多的事情要做，时间管理的基本步骤之一是确定事务的优先次序；同时，职场实践证明，会设定优先次序是获得快速晋升的一个主要秘诀。

时间应如何运用才最有价值？一个重要的观念是要做“对”和重要的事情，而不是把事情做对。一般人的习惯是不管所做的事情是否正确，只知一味地去做，这样是不对的。惟有努力去做“对”的事情才会有高效能，要有勇敢的特质，拒绝不重要的事，来者不拒是不好的。

根据柏拉度 80/20 定律，在日常工作中，一定有 20%的事情足以决定你 80%的成就。要设定优先顺序，将事情依紧急、不紧急以及重要、不重要分为四大类。一般人每天习惯于应付很多紧急且重要的事，但接下来会去做一些看来紧急其实不太重要的事，整天不知在忙什么。其实最重要的是要去做重要但是看起来不紧急的事，例如读书、进修等，若你不优先去做，则你人生远大的目标将不易达成。

设定优先次序，可将事情区分为五类：A＝必须做的事情；B＝应该做的事情；C＝量力而为的事情；D＝可以委托别人去做的事情；E＝应该删除的工作。最好大部分的时间都在做A类及B类的事。

◆ 规划与组织

成功的关键在于善于规划，在规划制定后有毅力、耐心地持续工作，直到完成。规划能减轻工作压力，而且只要你花1分钟时间规划，便可节省4分钟的执行时间。规划的目的在于有效利用内在及外在的巅峰时刻——内在巅峰时刻是指利用自己精神最好的时刻来做重要的事情；外在巅峰时刻是指与别人接洽时要掌握别人最有空的时段。

规划什么呢？有组织的档案系统、列出工作清单等事务性的工作。在规划时要考虑到百分之三十定律：一般人完成工作所需要的时间通常会超出所预定时间的30％以上。

保持整洁能够提升我们的自我价值、自我形象以及自我尊严。例如将桌面保持整洁、做完事立即归档、做事只经手一次，经手五六次才完成就很浪费时间，尽可能一次就把它做完，凡事若能预作准备，才能有效地掌握时间。

文件处理流程：(1）投掷：将不用的资料丢掉；(2）转手：将资料转交给别人去做；(3）行动：重要的事情一定要马上去做；(4）归档：有使用价值且重要者才归档，根据统计约80％—90％的归档资料是不会再去用它。若在五分钟之内无法找到所要的档案，就是不好的档案系统，所以过一段时间就要整理档案并将不需要的档案丢掉。

◆ 提高“生产力”

一般人只用50％的能力工作，一分耕耘一分收获，牢记播种与收割定律；

用一整段的时间工作，找出至少 30 分钟或 1 小时不会被打扰的时间来做重要的事；

要有坚忍的毅力，一气呵成，一次处理完成，才不会浪费时间；

工作中断时，要有“回去工作”的驱动力；

要有完成工作、结束工作的强制力：不要每件事都只做一半而无结果；

维持高生产力的肢体语言：坐正挺胸，做出很有精神的样子，如此生产力自然会提高。

◆ 有效的专案管理

当你在工作上和时间管理上愈来愈有绩效时，可能会被指派更多的工作，有效的专案管理（组织和执行能力）将是成功的关键。其内容包括：

规划和组织：事先一定要有很好的规划及组织，列出完整的工作清单；

定义理想的结果：譬如你希望届时会有经理、主管等人莅临的热闹场面；

设定完成期限：任何事情一定要设定一个期限来完成它；

判定限制的步骤：看看哪些事情会影响结果，想办法解决；

指派和授权：事情实在太多，不可能自己一个人完全承担，有些事情一定要指派给别人；

检核：当事情指派给别人时，一定要记得做检核的工作，检视对方是否依照自己的理想去做；

风险预估和替代方案：要评估风险，若失败的话是否有其他方案可以替代。

在以时间为标杆的工作管理中，你需要时刻提醒自己，参照以下两个定律。

墨非定律：凡是可能出错的都会出错；每次出错的时候，总是在最不可能出错的地方；不论你估算多少时间，计划的完成都会超出期限；不论你估算多少的开销，计划的花费都会超出预算；你做任何事情之前，都必须先做一些准备的工作。

崔西定律：任何工作的困难度与其执行步骤的数目平方成正比。例如完成一件工作有 3 个执行步骤，则此工作的困难度是 9，而完成另一工作有 5 个执行步骤，则此工作的困难度是 25，所以必须要简化工作流程。

◆ 沟通与说“不”

工作时间中有 75%的时间是花在与人沟通上，在世界上最浪费时间的，就是不良的人际关系。在职业生活中您是否成功，85%决定于你如何有效地与别人沟通，每一次沟通的破裂，都发生于意见表达不明确。

在与上司交流时，首先要弄清楚自己要去沟通什么，想让上司理解什么，希望得到什么支持？在与同事交流时切记你的目标在于协同完成任务，不要迷失方向，掉入为沟通而沟通的陷阱。

在工作中，每个人都有分内的事情要做，但是碍于情面，很多人会禁不住同事的纠缠，好心接过本不属于自己的事情，结果是捡了芝麻丢了西瓜，连自己的事情也办不好。因此，适当地说“不”拒绝不合理的要求，是保持你高效工作的必要技能。

有些人在拒绝对方时，因感到不好意思而不敢据实言明，致使对方摸不清自己的意思，而产生许多不必要的误会。当你语意暧昧地回答：“这件事似乎很难做得到吧！”原来是拒绝的意思，然而却可能被认为你同意了，如果你没有做到，反而会被埋怨你没有信守承诺。

所以，大胆地说出“不”字，是相当重要却又不太容易的课题。有人喜欢你直截了当地告诉他拒绝的理由；有人则需要以含蓄委婉的方法拒绝，各有不同。以下是几种如何说不的建议。

直接分析法：直接向对方陈述拒绝对方的客观理由，包括自己的状况不允许、条件限制等。通常这些状况是对方也能认同的，因此较能理解你的苦衷，自然会自动放弃说服你，并觉得你拒绝得不无道理。

转移法：不好正面拒绝时，只好采取迂回的战术，转移话题也好，另有理由也可以，主要是善于利用语气的转折——温和而坚持，绝不答应，但也不致撕破脸。比如，先向对方表示同情，或给予赞美，然后再提出理由，加以拒绝。由于先前对方在心理上已因为你的同情使两人的距离拉近，所以对于你的拒绝也较能以“可以体会”的态度接受。

不用开口法：有时开口拒绝对方不是件容易的事，你往往在心中演练许多次该怎么说，一旦面对对方还是下不了决心，总是无法启齿。这个时候，肢体语言就派上用场了。一般而言，摇头代表否定，别人一看你摇头，就会明白你的意思，之后你就不用再多说了。另外，微笑中断也是一种掩体的暗示，当面对笑容的谈话，突然中断笑容，便暗示着无法认同和拒绝。类似的肢体语言包括，采取身体倾斜的姿势，目光游移不定、频频看表，心不在焉。

一拖再拖法：如果已经承诺的事，还一拖再拖是不明智的，这里的一拖再拖法指的是暂不给予答复，也就是说，当对方提出要求时你迟迟没有答应，只是一再表示要研究研究或考虑考虑，那么聪明的对方马上就能了解你是不太愿意答应的。其实，有能力帮助他人不是一件坏事，当别人拜托你为他分担事情的时候，表示他对你的信任，只是自己由于某些理由无法相助罢了。但无论如何，仍要以谦虚的态度，别急着拒绝对方，仔细听完对方的要求后，如果真的没法帮忙，也别忘了说声“非常抱歉”。

要事第一、事半功倍

→ 做正确的事情

管理大师彼得·德鲁克曾在《有效的主管》一书中郑重指出："效率是'以正确的方式做事'，而效能则是'做正确的事'。"

效率和效能实际上都不应偏废，但这并不意味着效率和效能具有同样的重要性。我们当然希望同时提高效率和效能，但在效率与效能无法兼顾时，我们首先应着眼于效能，然后再设法提高效率。

在现实生活中，无论是企业的商业行为，还是个人的工作方法，人们关注的重点往往都在于前者：效率和正确做事。但实际上，第一重要的却是效能而非效率，是做正确的事而非正确做事。

"正确地做事"强调的是效率，注重的是让人们更快地朝目标迈进；"做正确的事"强调的则是效能，着重点是确保人们的工作是在坚实地朝着正确的目标迈进。换句话说，效率重视的是做一件工作的最好最快方法，效能则重视时间的最佳利用——这包括做或是不做某一项工作。

麦肯锡卓越工作方法的最大秘诀就是，每一个麦肯锡人在开始工作前必须先确保自己是在"做正确的事"。"正确地做事"与"做正确的事"有着本质的区别。"正确地做事"是以"做正确的事"为前提的，否则，"正确地做事"将变得毫无意义。首先要做正确的事，然后才存在正确地做事。试想，在一个工业企业里，员工在生产线上，按照要求生产产品，其质量、操作行为都达到了标准，他是在正确地做事。但是如果这个产品根本就没有买主，没有用户，这就不是在做正确的事。这时无论他做事的方式方法多么正确，其结果都是徒劳无益的。

倡导"正确地做事"的工作方法与倡导"做正确的事"的工作方法，其产生的效果是截然不同的。前者是保守的、被动接受的，而后者是进取创新的、主动的。

麦肯锡资深咨询顾问奥姆威尔·格林绍曾指出："我们不一定知道正确的道路是什么，但却不要在错误的道路上走得太远。"这是一条对所有人都具有重要意义的告诫，他告诉我们一个十分重要的工作方法，如果我们一时还弄不清楚"正确的道路"（正确的事）在哪里，最起码，那就先停下自己手头的工作吧！

【自测自评】你现在做的事情重要吗？

为了避免成为一个空谈主义者，你必须立即行动起来。首先该做的就是将你的宏观目标化为明确的具体目标，化为实际可行的目标，并且立即朝着这个目标彻底行动起来。

任何大的目标的实现，都是依托在一个个小的阶段上的，要想实现你的想法，你就要安排好眼前的生活，设定出一个个比较具体的按照你的思想行动的目标。这些具体目标的设立原则就是"我现在做的，是否使我更接近目标"。

管理大师杜拉克说过："不能管理时间，便什么也不能管理！"因此你必须在你的宏观目标的指引下，列出你近一阶段的目标，这个阶段可以是10年，也可以是6个月。也许过了这段时间后你的人生阶段会到达另一个层次。

目标不能是抽象的、空泛的。你不能把诸如"我就是要享受生活，战胜自卑"一类口号作为你的生活目标，而要写下具体的目标，比如，两年以后你一定要掌握全面的人力资源管理技能，30岁之前要拥有自己的汽车。你所开列的这些近期计划对你的长远目标实现一定要切实有帮助，既然写下了它们，就不能当做幻想，想了就一定要去做，去争取，去完成。

为了不使自己所列的这些目标成为空谈，这里准备了一些问题，当你在做计划的时候，请参照一下，时时追问一下自己，把所有的想法都实实在在地思考清楚。

(1) 你订下的这套远期、中期与近期目标是不是明确，它们之间是不是衔接，是不是可行？

(2) 对于下星期所想从事的工作，你是不是已有清晰的安排？

(3) 在一个工作日开始之前，你是不是已考虑妥当这一天的工作次序？

(4) 你是不是以事实之重要性而非以其紧迫性作为确定行事优先次序的依据？

(5) 你是不是把注意力集中于目标而非集中于过程，是不是以绩效而非以活动量作为自我考核之依据？

(6) 你是不是在工作效率最高的时间内做重要的事？

(7) 你今天能否为达到远期、中期或近期目标做某些事？

(8) 你是不是每天都保留少量的时间做计划，并思考与你的工作有关的问题？

(9) 你是不是善用上下班途中的时间？

(10) 你是不是有意减少中午的饭量，以免在下午打瞌睡？

(11) 你是不是对自己的作息时间做松弛的安排，以令自己拥有时间应付突发的危机及意外事件？

(12) 在一天工作完了之后，你是不是反省一下：哪些工作无法按原定计划进行？无法按原定计划进行的原因是什么？以后如果再出现这种情况，你该如何补救？

(13) 在你筹备会议之前，你是不是先思考一下还有没有比开会更好的解决问题的办法？

(14) 开会时你是不是注意控制自己的说话时间和方式，以避免自己和大家的时间浪费在空洞的会议中，从而使会议的效率尽量提高呢？

(15) 你是不是定期检查自己的时间支配方式，以确定自己有没有摆脱以前那种浪费时间的陷阱呢？

(16) 你是不是有效地利用下级的协助让自己能比较轻松地调度自己的时间，同时又避免成为浪费部属时间的根源呢？

(17) 你是不是采取了某些措施，防止一些无用的资料及刊物摆放在你的办公桌上并且占用你的时间呢？

(18) 当你与客户进行沟通时，你是不是能尝试以电话或亲身到访的形式去处理事情，而只有在无可避免的情况下才利用书面的形式沟通呢?

(19) 除了在例外情况下，你是不是尝试在下班后把工作抛到脑后呢?

(20) 倘若需要加班，而且可自由选择加班时间，你是不是宁可提前上班而不延迟下班?

(21) 你是不是能促使自己迅速地作出一些微小的决策?

(22) 你是不是在获得关键性资料的第一时间就马上制定决策?

(23) 对经常会出现的工作或者精神危机，你是不是时时保持警觉性，并采取预防措施呢?

(24) 你是不是经常为自己及他人定下工作完成的截止时间呢?

(25) 最近你是不是可以拒绝任何毫无益处的例行工作或例行活动呢?

(26) 你是不是在口袋中或书包中，携带一些文件材料，如在排队时，在等候室中、在火车上，或在飞机上的空闲时间里拿出来进行处理呢?

(27) 当你面对许多需要解决的问题时，你是不是应用“80/20 原则”来对付呢?

(28) 你是不是真正能够控制自己的时间? 你的行动是不是取决于自己，而不是取决于环境，或按照他人的优先次序来进行呢?

(29) 你是不是努力一次就把一件事情做好呢?

(30) 你是不是积极地设法避免常见的干扰（如访客、会议、电话等），好不让它们经常妨碍你每天的工作呢?

(31) 你是不是能总是面对现实，思考现在需要做的事情，而不是总怀念过去的得失成败，或者担心未来的变化莫测呢?

(32) 你是不是能总是牢记“时间就是金钱”这句话呢?

(33) 你是不是能腾出一些时间对自己进行培训?

(34) 你是不是尽量将该打的电话集中在一起进行呢? 在打电话之前是不是先准备好有关的资料，而不是想起什么说什么，却常常忘记了最重要的事呢?

(35) 你是不是能熟练掌握对处理文件很有帮助的计算机系统呢?

(36) 你是不是有时把自己的工作环境封闭起来，以避免工作受到他人之干扰?

这36个问题，或许太过细致琐碎，但是如果你真的能对每一个问题都能做出令人满意的回答的话，相信你一定已经把自己的计划做得非常完善了，这个计划一定会帮你向着你的终极目标作飞跃性前进。

【习惯训练】养成要事第一、紧张有序的工作习惯

◆ 首先，找出“正确的事”

麦肯锡的工作原则是：正确做事，更要做正确的事。而首先找出“正确的问题”，则是做正确的事的第一步。

工作实际上就是解决一个个问题的过程。很多时候，一个问题摆到你的办公桌上等待你去解决，看起来问题本身已经相当清楚，解决问题的办法也很清楚。但是，不管你要冲向哪个方向，想先从那个地方下手，正确的工作方法只能是：在投入大量时间和精力之前，请你花点时间思考一下，确保自己正在解决的是正确的问题——很有可能，它对你来说是个没有多少价值却会耗费你一整天精力的伪问题。

在麦肯锡咨询公司工作的许建平坦言，让工作高效卓越的方法是有机而复杂的，就跟医学问题一样。病人到医生的办公室说，自己有一点发烧，他会告诉医生自己的症状：嗓子痛、头疼、鼻子堵塞。然而，医生并不会马上就相信病人的结论。他会翻开病历查看你以前的身体状况，问一些探究性的问题，然后再做出自己的诊断。病人也许是发烧，也许是感冒了，还可能得了什么更严重的病，但医生不会依靠病人自己的判断进行诊断。

搞清楚交给你的问题是不是真正的问题，惟一的办法就是更深入地挖掘和收集事实。一般用不了多久，你就能搞清楚自己走的方向到底对不对。

当你确信自己是在为一个错误的问题伤脑筋时，你会做些什么？当医生认为病人的轻微症状掩盖了某些更为严重的问题时，他会告诉自己的病人："我可以治疗你的头疼，不过我认为这是某种更为严重的病情的症状，我会做进一步的检查。"按照同样的方法，你应该去找你的客户或者是你的老板——只要是最开始要求你进行投入的人就行——告诉他："你让我去了解 X 问题，但真正对我们的业绩有影响的是来自于对 Y 问题的解决。只要你真想的话，我现在就可以解决 X 问题，不过我认为把精力放在 Y 上面更符合我们的利益。"

如果你有支持自己的资料，客户既可以接受你的建议，也可以让你继续处理原来的问题，但是你已经尽到了根据客户的最佳利益行事的责任。

◆ 编排行事优先次序

一个人在工作中常常难以避免被各种琐事、杂事所纠缠。很多人由于没有掌握高效能的工作方法，容易被这些事弄得筋疲力尽，心烦意乱；他们总是不能静下心来去做最该做的事，或者是被那些看似急迫的事所蒙蔽，根本就不知道哪些是最应该做的事，结果白白浪费了大好时光，致使工作效率不高，效能不显著。

大量研究表明，在工作中，人们总是依据下列各种准则决定事情的优先次序：

- 先做喜欢做的事，然后再做不喜欢做的事。
- 先做熟悉的事，然后再做不熟悉的事。
- 先做容易做的事，然后再做难做的事。
- 先做只需花费少量时间即可做好的事，然后再做需要花费大量时间才能做好的事。
- 先处理资料齐全的事，再处理资料不齐全的事。
- 先做已排定时间的事，再做未经排定时间的事。
- 先做经过筹划的事，然后再做未经筹划的事。
- 先做别人的事，然后再做自己的事。
- 先做紧迫的事，然后再做不紧迫的事。

● 先做有趣的事，然后再做枯燥的事。

● 先做易于完成的事或易于告一段落的事，然后再做难以完成的整件事或难以告一段落的事。

● 先做自己所尊敬的人或与自己有密切的利害关系的人所拜托的事，然后再做自己所不尊敬的人或与自己没有密切的利害关系的人所拜托的事。

● 先做已发生的事，然后做未发生的事。

实际上，上述各种准则，虽然已成为很多人的工作习惯，但都不符合高效工作方法的要求。

工作是以目标的实现为导向的，在一系列以实现目标为依据的待办事项之中，到底哪些事项应先着手处理？哪些事项应延后处理，甚至不予处理？

对于这个问题，麦肯锡公司给出的答案是：应按事情的“重要程度”编排行事的优先次序。所谓“重要程度”，指的是对实现最终目标的贡献大小。对实现目标越有贡献的事越是重要，它们越应获得优先处理；对实现目标越无意义的事情，愈不重要，它们愈应延后处理。简单地说，就是根据“我现在做的，是否使我更接近目标”这一原则来判断事情的轻重缓急。

在麦肯锡，每个人都养成了“依据事物的重要程度来行事”的思维习惯和工作方法。在开始每一项工作之前，人们总是习惯于先弄清楚哪些是重要的事，哪些是次要的事，哪些是无足轻重的，而不管它们紧急与否。每一项工作都如此，每一天的工作都如此，甚至一年或更长时间的工作计划也是如此。只有这样才能保证人们在工作的繁杂和枯燥中不迷失方向。

在上述十三种决定优先次序的准则中，对人们最具支配力的恐怕是第九种——“先做紧迫的事，再做不紧迫的事”。大凡低效能的员工，他们每天把80％的时间和精力都花在了应付“紧迫的事”上。也就是说，人们惯常的做法是按照事情的“缓急程度”来判断行事的优先次序，而不是首先衡量事情的“重要程度”。按照这种思维，他们经常把每日待处理的事区分为如下的三个层次：

“必须”今天（上午）做的事（即最为紧迫的事）。

“应该”今天（上午）做的事（即有点紧迫的事）。

“可以”今天（上午）做的事（即不紧迫的事）。

但具有讽刺意味的是，在多数情况下，愈是重要的事偏偏愈不紧迫。比如向上级提出改进营运方式的建议、长远目标的规划，甚至个人的身体检查等，往往因其不紧迫而被那些“必须”做的事（诸如不停的电话、需要马上完成的报表）无限期地延迟了。

◆ 克服杂乱无章的坏习惯

工作无序，没有条理，在乱糟糟的工作环境中东翻西找，是不是将你的精力和时间都毫无价值地浪费了。我们经常会看到一些学生的书包、书桌，甚至一些高级职员的公文包和办公桌上，堆满了文件、书稿、废报纸、喝剩下的半杯咖啡、折了半页角的旧书籍等等。在这样的工作环境和秩序下工作，你的工作效率有可能高效吗?

美国管理学者蓝斯登说：

“我赞美彻底和有条理的工作方式。……看看彻底和有条理经理人的工作方式。他桌上的公文已减到最少，因为他知道一次只能处理一件公文。当你问他目前某件事时，他立刻可从公文柜中找出。当你问起某件已完成的事时，他一眨眼就能想到放在何处。当交给他一份备忘录或计划方案时，他会插入适当的卷宗内，或放入某一档案柜。

“再看看他的手提箱。箱中并不是一周旅行所用的东西，而是归类分明、随时要用的公文。其中也许有小说和文具，但绝不是一个废物箱。我认识一位装模作样的经理，他每天都一本正经地提了一大箱公文回家。有一天他把手提箱遗留在办公室内，让我偶然看到其中的东西：橡皮擦、两块啃了一半的棒棒糖、一份老爷杂志，以及一本乱涂的书。这种装模作样的经理人，每个公司都有……高效的经理人同样也以有条理给上司留下深刻印象。上司会对他产生信任感，认为他言而有信。这种信任为这种经理人开启了更大和更佳的工作任务之门。”

也许你要说，办公桌面是否整洁只是个人的工作风格，跟办事效能没有多少关系。然而，你错了，办公室不是你的家，在家里你可以散漫随意，甚至把换下的袜子扔在餐桌上。在工作场合，办公桌面是否整洁可是工作条理化的一个重要方面，甚至可以说，杂乱无章的工作方式是一种恶习。有些人却把杂乱看做了一种工作方式，他们也许认为在这种随意的工作环境中，他们的心情会更放松，那些重要的东西总会在大堆的文件中浮现出来的。某位高明人士对办公桌上堆积如山的东西提出了精辟的解释："这是因为我们不想忘记所有的东西。我们把想记住的东西放到办公桌上一堆资料的顶部，这样就可以看到它们。"

可问题是，在多数情况下，东西越堆越高，物件越杂乱无章，就越可能带来相反的效果。当你不能记起堆积物下层放的是什么东西时，或者你要为一个项目找到所有相关资料时，你就不得不在资料堆里埋头苦找。这样，时间就浪费在查找丢失的东西上了。更糟糕的是，随意放置的凌乱的东西会随时吸引你的注意力。当你在做某项工作的时候，你的视线也许会在不知不觉中被别人送你的小纪念品、钟表或者全家福照片吸引走。等你回过神来的时候，时间已经匆匆地又过去了一大段，而你又不得不从头思索你刚才正在做的工作或者写的文书。

如果你的办公桌上经常物品、文件堆积如山，你就要花时间来整理一下了，在这个时候花上半个到一个小时是值得的。

(1) 把你办公桌上所有与正在做的工作无关的东西清理出来，把立即需要办理的找出来，放在办公桌中央，其他的按照分类分别放入档案袋或者抽屉里。这样做的目的是提醒你，你现在所做的工作应该是此刻最重要的，你一次只能做好一项工作，你必须把所有精神集中在这件事上，不能让其他工作影响你。

(2) 不要因为受到干扰或者疲倦放下正在做的工作，转而去做其他不相干的事情，除非你是去楼外呼吸一下新鲜空气。因为如果此项工作还未结束，就又开始另一项工作的话，你的办公桌就开始混乱。你一定要力求把你手头的工作做完后再开始另外的事情，即使这项工作遇到了阻碍，你也要尽量完成到一个再做它时容易开始的阶段。

(3) 一项工作做完后，一定要把与这项工作相关的资料收拾整齐，并按照类别把它们放到合适的位置，千万不要把它们随手摊在办公桌上。下一步你该核对一下剩下的工作，然后去进行第二项最重要的工作。

从办公桌上拿开目前不需要的书籍文件，下一步就要开始的工作是先大致看一下文件内容，然后根据内容放入不同的档案袋中，并在档案袋外面加以简单注明。

待办的，即以后可能要处理的但不是当前的重要工作，可以将它们的相关资料进行归类，然后放入抽屉之中。

空闲时间的阅读材料，也就是一些自己爱看的书、杂志、每日的报纸等等。这些最好看完之后就都放入自己的办公柜中，不要让它们在你工作的时候还摆在你的面前，因为你的兴趣很有可能把你从工作中移走，而且它们还会占据你本来就不大的有用空间。

对和你的工作相关的或者对你有用的客户、媒体及其他各界朋友的名片或者来访者所留姓名、电话、地址、电子邮件等，也一定要分门别类登记放好，以便随时查阅。

在每天下班前，可以抽出几分钟把办公桌收拾干净，并且每天都按照以上的标准进行清理，这样你就可以圆满结束今天的工作，迎来明天的一个好的开始了。长此下去，养成习惯，你的办公桌一定会保持整洁，而这对于你的工作，是有百利而无一害的。

任何坐在办公桌前的人最需要的是，想出某种办法来及时提醒自己一天中要办的事项。把最优先的待办件留在你的桌子上，目的是提醒你不要忽视它们。不要把一些小东西——全家福照片、纪念品、镇纸、钟表、温度计，以及其他东西过多地放在办公桌上。这样它们就不会占据你有用的空间和分散你的注意力了。

第七章

身体、心理、精神

——职业长青的三驾马车

身心健康是“革命”成功的本钱

→ 职场需要填充幸福元素

马克思曾经展望过未来，提出了“工作着是幸福的”论断。在一个自由社会里，工作是人们集中释放创造力的活动，人们为着各自的目标辛勤而快乐地从事符合兴趣和能力的职业。这是理想社会下人们的工作状态，在达到“工作着是幸福的”之前，人们还需要为之付出艰辛的努力。

现实情况又如何呢？中国有多少人“工作并幸福着”呢？近日，中国人力资源开发网联合国内众多知名人力资源管理和心理学专家在全国范围内开展了“工作幸福指数”调查，结果显示只有 9.79％的被调查者感到自己“幸福地工作着”，也就是说 10 人中只有不到 1 人“幸福地工作着”。而中国职场人整体“工作幸福指数”为 2.57（最高 5 分，最低 0 分），处于中等偏下状态。

随着现代文明进程的加速，社会竞争日益加剧，人们的生活节奏也跟着“飞”起来，以至于现代人把一个“忙”字作为三句不离的口头禅。朝九晚五的白领们，四季恒温，一个格子间，一个显示器，一大堆文件，总有做不完的事情。由于工作紧张，人际关系淡漠等因素的影响，人们的身心压力越来越大。

对于轻微的压力，人们可以通过自我调节来消除，或随着时间的推移而日渐淡化。如果处理得当，还能将压力转化为人生的动力，促进奋发进取。但若是压力不能及时得以排除，长期积聚，无形的压力会在人的生理和心理方面引起诸多不良的反应。心情压抑、焦虑、兴趣丧失、精力不足、悲观失望、自我评价过低等，形成所谓的“亚健康”状态。

据近期对全国 16 个省、直辖市辖区内各百万人口以上的城市调查发现，北京的亚健康率是 75.31％，上海的亚健康率是 73.49％、广东的亚健康率是73.41%。也就是说，都市人群中大半的人都在与亚健康僵持着，处于疲惫不堪、情绪低落、心情烦躁等身心失调状态。

“亚健康”是一种介于疾病和健康之间的灰色身心状态，它是一种腐蚀人们身心健康的慢性杀手，轻微则造成工作效率低下、创造力下降，严重则将导致可怕的身心崩溃。造成职场员工“亚健康”状态的主要原因有：

工作压力大：尤其是大城市中，竞争无处不在、无孔不入，要不被淘汰，就必须努力争先。

生活不规律：在一个经济联系这么频密的社会，对于职场员工而言，出差、加班都是经常的事，吃饭不准点、早餐可有可无，这些对身体都会带来不小的影响。

人际关系错综复杂：虽然每个人似乎都认识很多人，但真正可以交流谈心的人却少之又少。

睡眠不足：由于工作原因或者过于沉溺夜间的交际应酬，很多人没有足够的睡眠保证，日积月累，会慢慢侵蚀身体机能。

升职压力、换岗压力，这些也常常困扰着职场人士。

目标与现实之间的差距：很多职场人士对自己的自我期待是比较高的，当现实无法满足自己的要求时，就会产生沮丧情绪，如果得不到合理的排解，积压越久对身体就越有害。

收入和支出之间的不平衡：虽然一般职场人士不愁吃不愁穿，但供楼供车还是要颇费计算，而且是一种长期性的经济压力。

生活环境污染：城市中噪音污染给心血管系统、神经系统带来的影响，高楼林立与空调房的封闭空间对组织细胞生理功能的影响。

→ 高压之下的“情绪风暴”

35岁的罗新良是一家贸易公司的部门主管。年纪轻轻的他能获得这么好的位置，除了才华，更多的是靠勤奋，每天工作十几小时，出差更是家常便饭。突然有一天，一向精力充沛的他发觉越来越多的困扰向他袭来：心悸、失眠、易怒、多疑、抑郁，以前10分钟就能解决的问题，现在却要花费一个小时，他甚至对工作产生了极其厌倦的情绪，人也变得日渐憔悴。

实际上，在现代社会中，由工作压力带来的心理矛盾和冲突是普遍存在的。竞争的压力、工作中的挫折、生活环境的显著变化、人际关系的紧张等等，使人不可避免地处于紧张、焦虑、烦躁的情绪之中。有人曾不无感慨地说："当今社会的人们正经历着一个前所未有的情绪风暴时期。"

所谓情绪风暴，就是指机体长时间地处于情绪波动不安的应激状态中。美国学者在对500名胃肠道病人的研究中发现，在这些病人中，由于情绪问题而导致疾病的占74%。根据我国食道癌普查资料，大部分患者病前曾有明显的忧郁情绪和不良心境。我国心理学家在对高血压患者的病因分析中也发现患者病前常有焦虑、紧张等情绪特点。可见情绪与人体的健康是休戚相关的。"情绪风暴"对人体有着巨大影响，因而备受重视。

1943年沃尔夫偶然遇到了一个名叫汤姆的病人。汤姆因误食一种腐蚀性的溶液而灼伤了食道，不能再吃食物。外科医生在他的胃部开了一个口，以便把食物直接灌入胃中，同时，也提供了从洞口中直接观察胃黏膜活动的机会。人们意外地发现，当病人处于紧张的情绪状态中时，胃黏膜会分泌出大量的胃液，而胃液分泌过多将会导致胃溃疡。

有研究者将那些为准备考试而学习到深夜的学生同那些不参加考试的学生进行比较，发现"考试组"比"非考试组"由于焦虑而有更多的胃酸分泌。这揭示不良情绪可能导致躯体的疾病。

当个体的情绪处于动荡不安的"风暴"中时，脑的活动会受影响。例如，过度焦虑会引起大脑兴奋与抑制活动的失调，这不仅会使人的认知范围狭窄、注意力下降，严重者还会罹患神经病。日常生活中常见的神经衰弱便与焦虑等不良情绪有关。此外，有研究显示，大脑活动的失调还会使自主神经系统的功能发生紊乱，长此以往将使躯体出现某些生理疾病。

加拿大心理学家塞尔耶在有关情绪风暴对个体的身心变化影响的研究中，提出了情绪应激理论。塞尔耶认为，当人遇到紧张或危险的场面时，身体和精神会有过重负担，而此时人往往又需要迅速作出重大决策，来应付这种危机，机体因此会处于应激状态。在应激状态下，下丘脑某些神经元被激活，它释放出两种主要的神经递质，即促肾上腺皮质激素因子和血管紧张素。这两个“信使”会将信息传递到脑垂体，脑垂体此刻分泌大量的促肾上腺皮质激素进入血液，并随血液到达肾上腺，使肾上腺髓质增加肾上腺素和去甲肾上腺素的分泌，从而使机体处于紧急动员的状态。此时，心率、血压、体温、肌肉紧张度、代谢水平等都发生显著变化，以增加机体活动力量，应付紧急情境。这就是著名的下丘脑—脑垂体—肾上腺神经—体液通路。

应激状态有助于个体适应急剧变化的环境刺激，维护机体功能的完整性；但长久持续的应激状态会通过上述神经内分泌系统的变化，摧毁机体的生物化学保护机制，进而导致胃溃疡、胸腺退化、免疫力下降等疾病的产生。

→ 从梦境看你的压力有多大

研究表明，压力过重是使人频繁做梦的主要原因，如果你最近做梦有点多，或者总是重复地陷于一个梦境中，你的心理健康可能已经出了问题。以下是心理医生在咨询诊断过程中常见的与压力过大相关的梦境。

◆ 梦回考场提示晋升压力

在职场上已经打拼几年的小玲，明明已经远离课堂，不用再为考试发愁，却常常梦见回到学校，重新坐到考场上考试，而且在梦里屡次答出白卷。不少人都有过梦回考场的经历，考试隐喻的是在职场上面临进一步的跨越。竞争重压下的人，最关心的是个人的提升和发展，屡次梦到考试，就是这种压力在梦境里的转化。这说明，你有可能正在或即将面临一次职业生涯的变动，对此不敢确信，或者信心不足的人，就容易梦到考试不及格的情况。做这类梦的人大多责任心强，对事业有所追求，自我要求高，期待往更高层次冲刺，但实际情况却不像自己所期望的那样完美。

此外，晋升压力在梦境里往往都跟学校有关。在课堂上迟到，或者老回答不出老师的问题，很多人都有过类似的经历，因此在面临职业生涯的“考试”压力时，他们的梦境也不自觉地回到了学生时代。

◆ 爬山涉水影射职场境遇

梦到旅途中遇见一座大山或者一条大河，暗示的是事业上遭遇的阻力。职业生涯顺利的人遭遇这种梦境，结果往往是爬上山顶，举目登高，前方是开阔美景。但如果事业不顺畅，工作不稳定，困难重重，梦中的情形就会总是在爬山，直到身心疲惫还是到不了山顶，这正是工作中的压力所致。

心理医生透露，几乎20%—30%的“梦疾”患者都不约而同地提到，有过梦见爬楼梯、高山的经历。梦境中的跋山涉水并不鲜见，梦境是压力的传递，因此，遭遇此类恶梦困扰时，就应当提醒自己，找出压力的来源。

◆ 压力越大梦越离谱

压力越大，梦境的夸张程度就越大。凶杀、抢劫，或者一些神鬼异象出现在梦中时，患者就需要提高警惕了，这意味着你的压力已经到临界边缘了。

大多数老板承受的压力比一般的员工更大，因此他们的梦境就十分离奇古怪，不过其中仍是有迹可寻。有一位女企业家，梦里经常看到已经去世的邻居老太，面目狰狞，当她想呼救时，却发现自己被困在封闭的玻璃屋里，丝毫发不出声音。通过心理医生的引导分析，原来当时她正接了一笔很大的业务，但是和员工沟通时出了点问题，设计人员并没有按客户的要求设计产品，因此生意最后告吹，任她百般解释也没有用，心中的郁闷就转化为梦中的失语。

而紧张的人际关系也会加剧梦境的离奇程度。生活工作中人际关系紧张的人，容易梦到刀光剑影的血腥场面，或者与坏人拼得你死我活的场面。白天夜里的双重紧张更是令人难以忍受，不加舒缓，不仅影响健康，更有碍正常工作的进行。下面是有关梦境和工作压力的一些实际例子。

数字篇

钱敏（男，销售代表）：这个月公司给下了50万的销售指标，这几乎是不可能完成的任务，整个部门就像吃了兴奋剂一样死干，到最后每个人都筋疲力尽。结果那段时间，每天晚上都做相同的梦，梦里不断蹦出一连串数字，有20，有30，就是上不了50这道关。依我看，“日有所思，夜有所梦”这句话很有道理，为了达到50万的指标，连做梦的时间都搭上了，搞得那时候对数字很敏感，一看到，就是一头冷汗。

运动篇

阿德（男，软件工程师）：其实我本人不怎么爱运动，不过最近却总是做打篮球的梦。梦里篮筐离我很高，很远，比现实里的高多了，感觉根本没可能投得进去，但不知怎的，每次我都能精彩地把球投入篮筐，而且还经常能用花哨的动作投进空心，感觉很兴奋，心情很舒畅，就像成了NBA明星一样。

后来把梦境告诉朋友，他们都告诉我，大概因为我最近工作都很顺利，发展得也不错，因此做梦也会特别愉快吧。

飙车篇

张乐（女，媒体工作者）：前段时间晚上总是梦到飙车，我开着敞篷轿车，尽管根本不会开车，但不知怎么搞的，鬼使神差地就把车子发动起来，然后就心跳加速地感受飙车的快感。

车子走在高架路上，很空旷，当我放下心来打算享受一把飙车的乐趣时，没想到车速突然快了起来，我每次想踩刹车，却发现刹车却变成了油门，一脚踏下去，车子反倒越开越快，根本超出了我的控制范围，而且不停地左右摇晃。最后，我发现前方竟然是悬崖，我连着车子直冲出去，掉进了海……

不知道什么原因，最近的梦总是跟飙车有关，但结果却不是落海，就是撞车，反正没有善终，我在想是不是有什么不好的事要发生。

工作篇

林凡（男，广告设计）：我们这行工作强度大，基本没有节假日，从早到晚都在做稿子。这样已经够辛苦了，要命的是，难得有时间休息一下，想睡个好觉，谁知道每晚做梦，一会儿被老板催稿子，一会儿继续坐在办公室里，想这个那个该怎么做。白天上班已经够苦了，想不到睡了觉还是继续上班，第二天起床后累得不行，就像真干了一晚上的活儿一样，就是劳碌的命，没救了。

【自测自评】你处于“亚健康”状态吗？

对照以下症状测一测自己是不是有亚健康，或是亚健康到什么程度了？

1. 早上起床时，有持续的头发丝掉落。5分
2. 感到情绪有些抑郁，会对着窗外发呆。3分
3. 昨天想好的某件事，今天怎么也记不起来了，而且近些天来，经常出现这种情况。10分
4. 害怕走进办公室，觉得工作令人厌倦。5分
5. 不想面对同事和上司，有自闭症式的倾向。5分
6. 工作效率下降，上司已开始对你不满。5分
7. 工作一小时后就感到身体倦怠，胸闷气短。10分
8. 工作情绪始终无法高涨。最令自己不解的是无名的火气很大，但又

没有精力发作。5 分

9. 一日三餐，进餐甚少，排除天气因素，即使口味非常适合自己的菜，近来也经常味同嚼蜡。5 分

10. 盼望早早地逃离办公室，为的是能够回家，躺在床上休息片刻。5 分

11. 对城市的污染、噪声非常敏感，比常人更渴望清幽、宁静的山水，休息身心。5 分

12. 不再像以前那样热衷于朋友的聚会，有种强打精神、勉强应酬的感觉。2 分

13. 晚上经常睡不着觉，即使睡着了，又老是在做梦的状态中，睡眠质量很糟糕。10 分

14. 体重有明显的下降趋势，今天早上起来，发现眼眶深陷，下巴突出。10 分

15. 感觉免疫力在下降，春秋流感一来，自己首当其冲，难逃“流”运。5 分

16. 性能力下降，昨天妻子（或丈夫）对你明显地表示了性要求，但你却感到疲惫不堪，没有什么性欲望。妻子（或丈夫）甚至怀疑你有外遇了。10 分

如果你的累积总分超过 30 分，就表明健康已敲响警钟；如果累积总分超过 50 分，就需要坐下来好好地反思你的生活状态，加强锻炼和营养搭配等；如果累积总分超过 80 分，赶紧去医院找医生，调整自己的心理，或是申请休假，好好地休息一段时间吧！

压力缓解与心理调适

→ 与疲劳抗争

◆ 个案一

刚过“而立”之年的某出版社美术编辑郭先生，虽说工作、生活都还算过得去，但地位、收入都较平平。他不甘心，四处活动，做了好几个兼职，集艺术学校美术教师、广告公司创意总监、美展中心顾问等于一身，一个星期几头跑，名声大了，腰包鼓了。正当他春风得意之际，身体向他抗议了，他用一个字来概括：累！每晚回到家里，觉得骨头都要散架了，一上床那些莫名其妙的梦便来烦他。

◆ 个案二

林女士已近 40 岁，典型的办公族，最怕夜晚来临。因为不知从什么时候开始，她成了没有睡眠的人，几乎用尽了除药物以外的所有土方洋法，也未能解决失眠问题。不仅如此，食欲下降、神经衰弱、性欲减退等症状也相继赶来凑热闹，去医院又查不出什么问题。

那么，郭先生与林女士到底怎么了？原来他们得了一种时髦病，究其“元凶”乃是超负荷工作导致的过度劳累，被欧美医学专家命名为“过劳伤害”。这种“过劳”既有精神上的，也有体力上的，或是两者的结合，正在成为新世纪的灾难，其中一些人甚至因之而死亡，谓之“过劳死”。其实，类似的病例并不罕见。国内一份涉及 1179 人的调查资料显示：66%的人有多梦、失眠、不易入睡的现象，62%的人经常喊腰背酸痛，57%的人诉说记忆力明显减退，48%的人脾气因焦虑而变得暴躁。另一项调查也证明了这一点：因过劳而引起的慢性疲劳综合症，在城市新兴行业人群中的发病率已达到10%—20%，在办公族中高达50%，如科技、新闻、广告、公务人员、演艺人员等。

由此看来，“过劳伤害”绝非“不足为虑”的“疥癣之疾”，乃是人类健康的“达摩克利斯剑”，应该引起办公族的高度重视，并将其置于与其他疾病（如心脏病、癌症等）同等重要的位置上予以预防。下面就是预防医学专家告诉你应该采取的若干对策：

招式一：按生物钟规律作息

所谓生物钟，是指人体内各个器官所固有的生理节律。人体内的生物钟约有100多种，在大脑的统一指挥下协调各器官的功能，并规范着人的活动，如睡眠与觉醒、记忆与思维的涨落、体力与精力的兴衰等。一个人需要按照自身的生理节律来安排作息，绝对不能违反、干扰这种节律。例如，晚上10点准时上床入睡；早上6点左右起床；7点进早餐；9—11点精力充沛、记忆力强，是你工作或学习的大好时机；12点进午餐；而下午1—3点体温下降，荷尔蒙水平趋弱，人需要放松，最好午睡半小时；3—5点乃是继上午9—11点之后的又一个精力与体力的高峰期；6点左右进晚餐；7—9点的记忆力最佳，是一天中第三个学习或工作的黄金时间段；而10点又到该入睡的时候了。如果你反其道而行之，晚上熬夜，中午不睡午觉，三餐不定时，则你将整天昏昏沉沉，疲惫不堪。总之，你务必要记住科学家的名言：顺生物钟者昌。

招式二：强化三餐营养

足量且平衡的营养是办公族保持旺盛精力抵抗疲劳的又一“秘密武器”。人体对养分的需求是多方面的，概括起来有蛋白质、脂肪、碳水化合物、维生素与矿物元素五大类。这就要求我们在安排一日三餐时，一要品种多样化，二要各品种之间的比例均衡，偏废不得。当然，也不排除在保持“平衡”原则的前提下，根据各个年龄段的生理特点对营养物质作出某些调整，以便更好地为健康服务。如 20—30 岁期间增加铁、镁等矿物元素以及维生素 C 的摄入量；30—40 岁期间增加叶酸与钙的摄入量；40 岁以上除继续增加钙、镁以及维生素的摄入外，尚应注意补足硒、硼等微量元素和优质蛋白。必要时可在医生指导下服用硒的药物制剂，或者精氨酸、鸟氨酸等氨基酸制品。但铁元素例外，应当适度限制摄入，以免铁质过多危害血管与心脏。至于具体食品，营养学家建议你无论在哪个年龄段，都不要忘记鸡肉、豆类、菠菜、鱼类、草莓、香蕉、燕麦片、海带、脱脂酸奶等几种，因为它们富含能量，能帮助你避免过劳伤害，保证机体这台发动机高效率运转。

招式三：主动寻求快乐

过劳不仅是体力不济的表现，失望、焦虑、恐惧、神情沮丧等也可使人精力衰竭，心理性过劳就是如此。南斯拉夫医学博士波卡斯为此所奉献的“锦囊”是多笑。他认为笑是最佳的“精神松弛剂”，10 分钟大笑能使人全身放松 45 分钟，男子每天应笑 14—17 次，女子应笑 13—16 次。当然，这种笑应是发自内心，自然而坦诚。因此，应多与有幽默感的人接触，多看相声、小品、富有喜剧色彩的影视节目，主动求乐。

招式四：坚持合理运动

运动医学专家认为，要想保持持久旺盛的精力，需要经常运动，以增加体能储存，每周散步 4—5 次，每次 30—45 分钟，或一星期进行 3—4 次温和的户外活动，每次 30 分钟，都是必要的。刚开始时，你也许会感到运动后更为疲劳，这正说明你的机体需要调整，坚持一段时间后便会慢慢适应，体能会逐渐增加，抵抗疲劳的能力会得到强化。

招式五：学会主动休息

列宁有一句名言：不会休息就不会工作。这句话精辟地概括了休息与工作之间的辩证关系，也是现代人拒“过劳伤害”于体外的“灵丹妙药”。

什么叫“会休息”呢？现代科学赋予的含义是主动休息，即在身体尚未出现疲惫感时就休息。这是一种积极的休息方式，比起累了才休息的被动休息法有着质的进步。科学实验证明，人体持续工作愈久或强度愈大，疲劳的程度就愈重，产生的“疲劳素”就愈快、愈多，消除的时间也就愈长，这正是“累了才休息”的传统休息方式效果差的奥妙所在。主动休息则不同，不仅可保护身体少受或不受“疲劳素”之害，而且能大幅度提高工作效率，具体可从以下几点做起：

其一，重要活动之前抓紧时间先休息一会儿。如参加考试、竞赛、表演、主持重要会议、长途旅行等之前，应先休息一段时间。

其二，保证每天 8 小时睡眠，星期天应进行一次“整休”，轻松、愉快地玩玩，为下一周紧张、繁忙的工作打好基础。

其三，做好全天的安排，除了工作、进餐和睡眠以外，还应明确规定一天之内的休息次数、时间与方式，除非不得已，不要随意改变或取消。

最后，重视并认真做好工间休息，充分利用这段短短的时间到室外活动，或做深呼吸，或欣赏音乐，使身心得以放松。

→ 克服“亚健康”的良策

持续而高强度的快节奏生活难免令人不堪承受，疲劳、头痛、失眠等不适症接踵而至，这些信号提醒你机体已经超负荷运转，该进行调整与休息了。

◆ 减压秘籍：情绪乐观天地宽

目前看到一则趣闻，说是有一个人，进入冷藏室后被无意地关在了里头，顿时他极度紧张，越想越怕，越怕越冷，最后被“冷”得缩成一团，竟在惊恐中死去，可是，当时冷冻机压根儿就没有打开，冷藏室的温度并没有冷到冻死人的程度。那么这个人是怎么被“冻”死的呢？这就是“心理暗示”精神作用的结果。他老想着“我快要死了”，一遍一遍地进行“自我暗示”，结果导致死亡。

所谓“自我暗示”，从心理学角度讲，就是个人通过语言、形象、想象等方式，对自身施加影响的心理过程。这种自我暗示，常常会于不知不觉之中对自己的意志、以至生理状态产生影响。对于病人来说，积极的自我暗示，会使人有战胜疾病的信心，建立良好的心境，从而有益于病情的稳定和症状的消除。而消极的自我暗示，会破坏和干扰人的正常的心理和生理状态，以致体内各种器官功能紊乱，抗病力降低。

有一位朋友，怀疑自己得了癌症，吓得要死，怕得要命，整天愁眉苦脸，焦躁不安，吃不下饭，睡不好觉，一举一动都像个“癌症”患者，不到10天功夫，体重减了10多斤。后来经多家医院检查，完全排除了患癌症的可能，他才慢慢恢复了健康。相反，有一位老同志被医院确诊为结肠癌，他并没有把这太当回事，觉得人活百岁总有一死，能多活一天就算胜利，他把癌症视为敌人，坚信“两军相遇勇者胜”，于是不断地进行自我暗示：“只要自己精神不垮，就能战胜癌症这个敌人，一天天好起来。”吃药时他念叨：“这药很好，吃了一定有效果”，走路时想着：“生命在于运动……”这样长期坚持自我心理暗示，渐渐地这种暗示对身心产生了良好的作用，10多年来不但病情稳定，而且症状消失，自己对身体的康复越来越充满信心。

自我暗示“疗法”是由法国医师库埃于1920年首创的，他有一句名言：“我每天在各方面都变得越来越好。”他让病人不断重复这句话，许多病人得到康复。其实，暗示疗法实际上就是病人要有一个好的心情，要有乐观的情绪，有战胜疾病的信心，这样就能调动人的内在因素，发挥主观能动性。古人说：“情极百病增，情舒百病除。”说的就是这个道理。美国新奥尔良的奥施德纳诊所做过统计，发现在连续求诊而入院的病人中，因情绪不好而致病者占76%。这就告诉我们：情主健康沉浮，凡事往好的方面想，自然能战胜疾病。

◆ 增强生理机能

生活节奏的加快需要人们迎接各种机遇和挑战。然而，如何持久地、精力充沛地投入学习和工作绝非是一件简单容易的事情。很多人曾有过精力不济、情绪低迷、失眠多虑的生活经历，有些人甚至是经常性地反复发生这种现象。这就是近年来逐渐被人们日益关注的医学界提出的介于健康和疾病之间的“亚健康”状态。

那么，对于“亚健康”问题，我们应该怎么办？为此，医学专家提出了简便而行之有效的应对良策。

1. 全面而合理的膳食

最科学的食谱是保证营养均衡。日常生活中，每天的膳食必须保证糖、蛋白质、脂类、矿物质、维生素等人体所能必需的营养物质一样也不少。同时，还应当注意克服两种不良的膳食倾向：一是食物营养和热量过剩；二是为了某种目的而节食，以致食物中某些营养素和热量不足。这两种错误都足以导致身体出现“亚健康”状态。具体说，一个健康的成年人每天需要1500卡路里的能量，工作量大者则需要2000卡路里的热量，不断补充营养是保持精力充沛的前提。

同时还应注意以下几个方面：

①脂肪类食物不可多食，也不可不食。

因为脂类是大脑活动所必需的，缺乏脂类会影响大脑的正常思维；但若食用过多，则会使人产生昏昏欲睡的感觉，而且长期累积就形成多余脂肪。

②维生素作用巨大，不可缺乏。

从事文字工作或经常操作电脑者容易眼肌疲劳，视力下降，维生素A对预防视力减弱有一定效果，可通过多吃鱼肉、猪肝、韭菜、鳗鱼等富含维生素A的食物来补充；经常在办公室的人，日晒机会少，容易缺乏维生素D，需多吃海鱼、鸡肝等富含维生素D的食物；当人承受巨大的心理压力时；所消耗的维生素C将显著增加，而维生素C是人体不可或缺的营养物质，应尽可能多吃新鲜蔬菜、水果等富含维生素C的食物。

③补钙和安神。

工作中为了避免上火、发怒、争吵等情绪激动，饮食中可以有意识地多吃牛奶、酸奶、奶酪等乳制品，以及鱼干、骨头汤等，这些食品含有丰富的钙质。研究表明钙具有防止攻击性和破坏性行为发生的镇静作用。

及时而恰当的生活调理十分重要。现代人少不了应酬，饭店的食品美味诱人，但往往碳水化合物过高，而维生素和矿物质含量相对不足，常在外就餐者应注意生活调节，平时应多吃一些瓜果蔬菜以及豆制品、海带、紫菜等。

认识和利用碱性食物的抗疲劳作用。高强度的体力活动后，人体内新陈代谢的产物——枣乳酸、丙酮就会蓄积过多，造成人体体液呈偏酸性，使人有疲劳感。为了维持体液的酸碱平衡，可有意多吃以西瓜、桃、李、杏、荔枝、哈密瓜、樱桃、草莓等水果为主的碱性食物。

2. 认识自己的生理周期

每个人的心理状态和精力充沛程度在一天中是不断变化的，有高有低。大多数人在午后达到精力的高峰，但也不乏个人差异。不妨测定（连续记录）自己一天的心理状态，清醒程度和对事物反应的敏捷度，找出自己的精力变化曲线，然后合理安排每日的活动。

目前，国外一些公司规定职员必须午睡，以保证工作效率，午睡时间宜在半小时左右，关键是质量。睡时最好能平躺在床上或沙发上，使身体伸展开来。不要趴在桌上睡，这种体位容易使空气受限，颈项和腰部的肌肉紧张，醒后很不舒服，易发生慢性颈肩病。

3. 运动，是最好的调整

每天，抽出一段时间静坐，完全放松全身的肌肉，去掉头脑中的一切杂念，将意念集中于丹田，可以充分调整全身的脏器活动。到森林中去，那里空气中的负离子浓度较高，不仅能调节神经，还可以促进胃肠消化功能，加深肺部的呼吸，会对体力、脑力、心理等各方面起到良好的调节作用。长时间在办公室坐着工作的人，应该每隔一小时活动一下，可以做简单的保健操，也可以随意活动筋骨，这样，虽然用时不多，却可以有效防止由“静坐”生活方式导致的慢性疾病。

4. 及时的心理干预

美国有一项调查显示，心理健康是所有事业有成者的标志。生活在社会中的人，难免会有痛苦和烦恼，要想应付各种挑战，最重要的就是通过心理调节及时维持心理平衡。

由心理医生进行正规的心理学干预，不仅是一种直接的治疗，而且能增加心理承受的能力和心理调节能力，尽快恢复心理平衡和心理健康。

【习惯训练】对付挫折压力的自我调节训练

挫折造成的压力和由此而产生的焦虑、紧张的情绪，是令人痛苦的。在挫折情境一时无法改善或根除时，为了解除挫折所造成的痛苦，维护和保持身心的健康，我们也可以采用一些自我调节的方法来对付挫折压力，化解焦虑和紧张的不良情绪。这类方法较多，我们主要介绍以下几种：

◆ 自我暗示法

这是一种在现代心理治疗、心理训练中广泛运用的调节身心机能的方法。它的特点在于自己通过言语或想象使自己的身心机能发生变化，其方法简洁，并且容易达到自助的效果。

语言是人类独有的高级功能，通过语言可以引起或抑制人们的心理和行为。暗示现象在日常生活中随处可见。成语中的“望梅止渴”、“草木皆兵”、“杯弓蛇影”等，都是暗示作用的生动写照。有过这样一个实验：化学老师在一个大教室里上课，声称要给学生做一次气味传播速度和嗅觉灵敏程度的测试。老师在讲台上打开瓶子，把彩色但毫无气味的溶液倒了几滴在棉花上，并做出极厌恶的样子离开了“恶臭”的讲台。很快，许多学生都嗅到了难闻的气味，最后连远离讲台的最后一排学生也有人嗅到了，而最靠近讲台的前排学生，有的竟因为嗅到剧烈的臭味开始呕吐起来。

暗示作用能够强烈地影响人体的生理机能，对人的心理活动和行为能起显著的导向作用。例如，医生对一位心脏正常的受检者说："心脏听来有点杂音。"其实仅仅只有轻微的收缩期杂音并不算什么问题，但医生这一句话，却可能给受检者带来很大的精神负担，通过暗示作用，就可能出现心跳、气短等等症状，从而得一种"心脏神经官能症"。美国曾有一位电气工人，他在工作中碰到一根不带电的电线，但他以为是通电的，在这种自我暗示下，居然立即倒地身亡，而且身上呈现出一切触电致死的症状。这都属于否定性暗示。

肯定性暗示则可以增强信心，调节自己的心理状态，激发自己最大的身心潜能去补充不足，并达到目的。如平常在镜子前看到自己的脸色很好，于是心情舒畅，工作学习的效率也特别高；炎夏季节口渴得厉害时，自己想象很快就会出现一碗酸梅汤，也能起到缓解口渴的作用。

运用自我暗示法缓解压力和调整不良情绪，主要也是通过语言的暗示作用。比如，发怒时，提醒自己"不要发怒"，"发怒会把事情办坏"；忧愁时，提醒自己"愁也没有用，还是面对现实，想想办法吧"；当有比较大的内心冲突和烦恼时，安慰自己"一切都会过去"，"已经度过了许多难关，这次也一定能顺利度过"，等等。

自我暗示法一般是用不出声的内部语言默念进行，但也可以通过自言自语，甚至在无人处大声对自己呼吁的方式来加强效果。还可以将提示语写在日记本上、条幅上，贴在墙上、床头，压在玻璃板下等，以便经常鞭策自己。

进行积极的自我暗示需要选择恰当的时间。一般情况下，自我暗示应选择在大脑皮层兴奋性降低的状态下进行，如早晨刚醒、中午午休和晚上入睡前进行，则效果较好。在大脑皮层兴奋性很高的状态下，不易进行自我暗示。如果需要立即进行自我暗示，应该尽量使自己的身心平静，放松精神，排除杂念，在专心致志的状态下再进行。

暗示过程中尽量运用自由联想，这往往比自我意志强迫的效果好。比如，失眠很让人苦恼，但往往你越想睡，告诫自己要放松、安静，可效果仍然不好。而此时若想象着身体的放松状况，具体地想象自己已处在一个十分安静的环境里，则比较容易轻快地入眠。

选择好自我暗示的内容。内容的选择，标志着自我暗示的性质。应该选择积极的能促使人身心健康的内容。倘若杯弓蛇影，就会给身心带来不良影响。在普遍暗示的基础上，加上特殊内容的暗示，如“我有信心对付各种各样的挫折”（普遍暗示），“生气是对自己智慧的侮辱，焦急是对自己无能的惩罚，而无助于事情的解决”（特殊暗示），把二者结合起来，效果则更好。

努力达到松弛和“凝神”。“凝神”是指一心不二用，仅关注于自身的目前状态和活动的一种“不费力的注意”。在进行“凝神”时，你可以先把注意力集中于某一事物，久之，注意力自然而然地疲倦，松弛，于是不专注于任何事物，从而使得心灵虚静。在这种心境下，自我暗示的效果会更好。

◆ 放松调节法

压力和紧张焦虑的情绪，不仅干扰人的正常的生活，降低工作效率，而且还会带来一些不利于身体健康的生理反应。常见的如血压升高、头痛、气喘、肌肉紧张、呼吸快而浅，心跳猛烈、手掌出冷汗、腹泻、失眠或嗜眠等。

通过对身体各部分主要肌肉的系统放松练习，你可以有效抑制这些伴随紧张而产生的生理反应，从而减轻心理上的压力和紧张焦虑的情绪。此外，这种方法还可以用于治疗失眠、抑郁、疲乏感、肠炎、肌肉痉挛、颈背疼、高血压、轻微恐惧症、口吃等。

1. 练习要点

放松调节法的要点是：首先要学会体会肌肉紧张的感觉，即收缩肌肉群，注意体会其感觉；再放松肌肉群，注意体会相反的感觉。要逐步放松以下 4 组肌肉：①手、前臂、二头肌；②头、脸、喉、肩，包括额、颊、鼻、眼、腭、唇、舌、颈；③胸、胃、背；④大腿、臀、小腿、脚。

每天练习 1—2 次，每次 20 分钟左右，每块肌肉收缩 5—8 秒，然后放松 20—30 秒。但这只是一个约计的时间，切不要由于过多注意计时而分散了自己的意念。

2. 练习方法

第一阶段：

选择一个安静而不受干扰的地方，躺着或坐着均可，闭眼。

练习时注意力从一块肌肉移向另一块肌肉，不要用意志努力。

（1）右手用力握拳，体会紧张感；放松，再体会放松感。重复 3—5 次（以下类似）。

（2）左手用力握拳，体会；放松，再体会。

（3）弯曲右前臂，收缩二头肌；放松，体会。

（4）弯曲左前臂，收缩二头肌；放松，体会。

（5）锁眉，收缩前额肌肉。放松。

（6）闭紧眼，放松。重复。咬紧牙，放松。重复。上下腭紧张，放松；舌头顶紧上腭，放松。重复。闭紧双唇，放松。

（7）头尽量向后倒，颈部紧张，放松。下巴尽量抵住胸部，体验喉部与颈背的紧张，放松。

（8）耸肩，头尽量往下缩，放松。

（9）深吸气，同时弓起背，屏住气保持紧张；放松胸部，缓慢呼气。

（10）收缩腹部肌肉，放松。

（11）将臀部和大腿担紧，放松。

（12）绷紧脚尖，使小腿紧张，放松。

（13）缓慢腹式深吸气，向腹部压气，使腹鼓起；缓慢呼气，使腹凹陷。

（14）重复深呼吸三次，将注意力集中于整个呼吸过程（即“意守”）。让松弛加深时的沉重感传遍全身，全身都松弛。

（15）注意全身各部位肌肉，看是否还有仍然紧张的部位；如有的话，再通过意守呼吸的方式，将放松感引向紧张部位。

（16）恢复到正常呼吸状态。

第二阶段：

经过第一阶段一周左右的练习，能够达到全身松弛，便可进入第二阶段。第二阶段的放松时间要求缩短为5—10分钟。

第二阶段的练习也要选择一个安静的地方，坐或卧，闭目。

（1）运用将注意力集中于呼吸的技术：

①将注意力集中于呼吸，深呼吸3次；

②将放松感引导到每一块肌群，顺序是：右手用力、左手用力，屈右前臂、左前臂、前额、上下腭、舌、唇、颈、双肩、胸、背、腹、臀、腿、足；

③注意一下全身各部位，看是否还存在紧张部分；

④在最后查看是否还有紧张部位时，继续将注意力集中于呼吸，同时想象每一组肌群都在放松（犹如发光的灯泡在逐一熄灭）。

（2）在呼吸和放松的过程中，应使用一些具有启发性的提示语。如在呼吸和放松时可以设想以下语句：

我是松弛而且平静的，

丢开紧张——我感到舒适和轻松。

肌肉松弛柔软了，

让紧张消融、离去！

第三阶段：

第一和第二阶段的练习熟练后，即可进入放松训练的第三阶段。这一阶段要锻炼自己通过运用集中注意力的技能，在并不安静的环境下，无需坐、卧或闭目，也能诱导达到放松，排除紧张的效果。而且要尽可能缩短达到放松的时间，最好在1分钟内完成。

最初几次可以闭上双眼，以有助于实现注意力集中。逐渐地，应当锻炼睁开眼睛完成练习，但精神不能分散到别的事情上。

①将注意力集中于腹部深呼吸；
②想象每组肌肉群都在放松；
③运用提示语进一步放松；
④注意是否还有未放松的部位；
⑤继续集中注意力深呼吸，直至所有的部位都达到放松。

放松调节法有助于克服紧张和焦虑、烦躁的情绪，同时，它也是后面要介绍的几种心理自我调节法的基础。所以，这是一种非常重要而基本的方法，应当着重掌握好它。

◆ 呼吸调节法

虽然人人都在不停地呼吸，都知道呼吸对于维持生命的必要性，但却不一定知道某些特定的呼吸方法还有解除精神紧张、压抑、焦虑、急躁和疲劳的功效。通过一段时间的练习，掌握一些基本方法，就可能运用呼吸进行自我心理调节。

下面这些练习可以先作普遍的尝试，然后从中选择几种对自己最为有益的方法，经常练习。

1. 深呼吸练习

这个练习可以采用站式、坐式或卧式。最好用卧式：平躺在地毯或床垫上，两肘弯曲，两脚分开 20—30 厘米，脚趾稍向外，背躺着。对全身紧张区逐一扫描。将一手置于腹部，一手置于胸上，用鼻子慢慢地吸气，进入腹部，置于腹部的手随之舒适地升起。然后微笑着用鼻子吸气，用嘴呼气，呼气时轻轻地松弛地发“呵”声，好像在轻轻地将风吹出去，使嘴、舌、腭感到松弛。作深长缓慢的呼吸时，体会腹部的上下起伏，注意体会呼吸声愈来愈细微的感觉。

这个练习每天须做1—2次，每次5—10分钟，1—2周后可以将练习时间延长至20分钟。

2. 叹气练习

人在白天有时会叹气或打呵欠，这是氧气不足的征兆。叹气、打呵欠是机体补充氧气的方式，也能减少紧张，因此可以作为松弛的手段来练习。

站立或坐着长长地叹一口气，让空气从肺部跑出去。不要想到吸气，让空气自然地进入。重复8—12次，体验一下松弛感。

3. 充分自然式呼吸练习

健康婴儿或原始人采用充分的、自然式呼吸，文明时代的人喜欢紧身服装，过着紧张的生活，已经没有这种呼吸习惯。下面的练习可帮助我们恢复充分而自然的呼吸：

坐好或站好，用鼻子呼吸。吸气时，先将空气吸到肺的下部，此时横隔膜将腹部推起，为空气留出空间；当下肋和胸腔渐渐向上升起，使空气充满肺的中部；最后慢慢地使空气进入肺的上部。全部吸气过程需时2秒，要有连续性。屏住气，约几秒种。慢慢地呼气，使腹部向内缩一下，并慢慢地向上提。气完全呼出后，放松胸部和腹部。吸气之末可以抬一下双肩或锁骨，使肺顶部充满新鲜空气。

4. 拍打练习

这个练习可以使人清醒，变紧张为松弛。

直立，两手侧垂，慢慢吸气时，用手指尖轻轻拍打胸部各个部位。吸足并屏住气后改用手掌对胸部各部位依次拍打。吸气时嘴唇如含麦秆，用适中的力一点一点间歇地吐气。重复练习，直到感到舒服。同时可将拍打部位移到手所能及的身体其他部位。

5. 充分自然呼吸加想象

这个练习将充分自然式呼吸的松弛效果与肯定性自我暗示的效果结合在一起。

取练习一那样的平卧姿势，两手轻轻放在太阳丛部位（上腹部肋尖处），作几分钟充分自然式呼吸。随着每一次吸气，想象能量进入肺部，并立即储存于太阳丛处。想象随着每次呼气，能量流到身体的各部分。在心理上形成能量在这样不断流动的图景。

这种练习，每天至少一次，一次5—10分钟。然后进行以下两种变式练习。第一种：一手放在太阳丛，另一手放到受伤或紧张的部位。当你吸气时，想象能量是由肺储存于太阳丛处，当你呼气时，想象能量流到那个需调理的部位，吸入更多的气；呼气时想象那能量驱除了病痛与紧张。第二种变式与第一种基本相同，只是呼气时想象是你指导能量在驱除病变和紧张部位。

乐在工作，职业长青

→ 职场“更年期”综合症

“停滞期”是指在职业生涯发展的某一个阶段里，个人所能够获得的进一步晋升机会的可能性非常小，此时职业生涯即陷入一个相当长时期里“原地踏步”的徘徊状态。

美国学者朱迪丝·巴德威克按照停滞的不同形态，把停滞状态分为结构型、满足型和生活型三类。一般所指的“职业高原”说的就是结构型停滞，它主要表现为职位晋升的停止。处于职业高原期的人，在工作上接受进一步挑战、承担进一步的任务和挑战的可能性很小；工作内容变动相对缺失，而这些变动与个人的工作晋升是密切相关的。

职业高原通常被人们视为一个难以逾越的职业生涯的峰点，是职业发展“向上运动”中工作内容、责任、挑战、压力的相对静止或终止的状态，是职业生涯发展上的一种停滞。

“职业高原期”持续的时间过长，会给人带来许多负面的问题，例如：对工作的前景丧失信心，对工作内容和成果缺乏激情，工作效率的显著降低，甚至产生离职的念头等。

一般说来，个人职业生涯遭遇结构型停滞是不可避免的现象，因为它主要是由于组织的阶层或结构所造成的。一般的企业单位在职位设计上呈现金字塔式结构，越向上职位越少。当你努力向顶端爬升时，可供你进一步发挥能力的空间也越来越小。然而，主观上我们虽清楚这个原则，却仍希望能突破各种障碍，去成为那些为数极少的高层领导之一。在一个大型的企业里，管理者和专业人员总是想不断地向上爬，一方面是为利益所诱惑，另一方面则是彼此间的竞争使然。

满足性停滞更多发生在专业技术人员身上，尤其是那些对业务技能十分精通的人，他们会觉得没什么好学的了，为此感到非常乏味。当一个业务精英被提升为技术主管以后，若非擅长学习管理方面的技能，他是不会升到更高职位的。满足型停滞是小型企业中员工的“必由之路”。对他们来说，结构型停滞永远不会出现，因为晋升对他们可能没有太大意义。在大型企业组织中，满足型停滞则可以通过轮岗和培训，改变他们的工作内容，赋予他们新任务和新挑战的机会，保持工作的新鲜感。

正常的人在工作外同时还有个人的生活，工作与生活的冲突对职业的影响也不可小视。实际上，在拼命工作与享受生活之间，人们很难维持和谐。把工作当成生活重心的人，工作即是他们自尊和自我肯定的基础。可是，工作的压力、失败的沮丧和挫折感是不可避免的。每天朝九晚五、周而复始、千篇一律的上班生活极易让人陷入生活型停滞。

生活型停滞对个人职业生涯的影响比其他类型更加深远、广泛。大多数人都会感受到生活型停滞，要突破这个障碍，需要极大的勇气和毅力。

停滞会造成工作、人际关系或个人生活失去平衡，由此而来的空虚情绪会腐蚀人的活力，把人变成一具只是在无奈地承担责任的“行尸走肉”。

【自测自评】你遭遇“停滞期”了吗?

对于所有渴望事业发展或晋升的人而言，“停滞”是一个让人特别沮丧的词汇，认识到自己的事业攀登已经到达终点时，人的心理将遭受残酷的打击。从心理学的角度来看，随停滞而来的严重失望，常常是由人们对生活的看法过于乐观所导致的。

停滞期对于那些领导重视却又没有升迁发展前景的员工而言几乎是致命的。20年前，结构性的高原期多半发生在四五十岁的人身上，如今，这种事情却冲击着三十来岁的人们，许多人还未到达其能胜任的层级就“被迫”停滞不前了。

完成一件工作所能带来的快乐往往是短暂的，从20岁到40岁这是一个不懈奋斗的时期，人们都希望抓住长远的机会，把希望寄托在将来。每一个阶段性的成功带来的是更多的责任和更重的压力，它不过是为下一次更大成功所作的准备而已。到了40岁，少数幸运的人将获得进入高阶层的机会，而多数人则陷入停滞，不再能得到重要的晋升。50岁之后，少数人的野心更大，但对大多数人来说，则是个不得不“知天命”的时期。事业发展中遇到的停滞不前的状态犹如瓶子的颈部一样是一个关口，再往上便是出口，但是如果没有找到正确的方向也有可能一直被困在瓶颈处。

换言之，“停滞期”就是既没有成长也没有衰退，只是置人于一个不满足的环境中。很显然，这种感觉必然反映在工作效率上便是无为怠惰，它会扼杀生命的创造力、进取心和希望。

停滞带来的困惑每个人身上都有，只是程度的不同罢了。对自己期望越高、要求越严格的人反应得更为明显。

陷于停滞是一个渐进、缓慢的过程，它并非突然来到，而是不知不觉地笼罩住你的职业天空上。当然，发展到一定阶段的停滞现象还是具有典型症状的。一般情况下，当你在工作生活中出现如下明显的迹象时，你就应该问问自己是不是遭遇了职场停滞乐。

(1) 工作中逃避作决定。

(2) 不愿冒险或尝试新的事物。

(3) 嘴上经常挂着“我就要……”却从来没有去做或认真地完成。

(4) 同一件事跟朋友说了好几个星期。

(5) 知识技能停止成长，也没有进一步学习的欲望。

(6) 经常失眠。

(7) 经常为小事感到愤怒。

(8) 生活方式不规则，因琐事而变得支离破碎。

(9) 老想着提早退休。

(10) 不愿为自己的生活负责；放任环境或他人左右你的生命、决定和方向。

(11) 失去对将来的热切和期待。

(12) 莫名的焦虑。

【习惯训练】生命不会停滞：超越职场停滞要诀

◆ 摸清职场起伏规律

一个企业有生命周期，一种产品有生命周期，一个人的职业生涯发展也有生命周期。每个人只要能结合自己的性格、特长等因素来认真剖析自我，就必然能找到适合自己的职业生涯发展路径。但，请记住，每一个阶段的工作都需要你有高度清晰的规划感和层次感，要能够清楚地明确某个阶段你该干什么。

结婚时间长了，夫妻间彼此看对方的时候就难免会产生“审美疲劳”，伴随而来的便是夫妻之间心灵上的隔阂和日渐生疏，最终可能是“同床异梦、一夜无话”。同样，工作时间久了，随着手头工作业务流程的日益熟练，每天都在机械地“重复着昨天的故事”，也难免心生厌倦，最终堕入“心猿意马，人在神移”的境地。

一个人自学校走向职场，从刚开始时的“鼓足干劲、力争上游、一展宏图”，到感觉一切都平淡如水、“不过如此”，再到看惯了这凡尘俗世上的“秋月春风”，这是一个正常的演变过程。这并不意味着你落后了、懒惰了，相反却意味着你长进了、出息了，所以便对很多事情丧失了原有的新鲜感。工作进展到一定阶段，许多人会萌生摆脱现状、换换口味的念头，但客观上又往往面对“不干这个还能干什么?”的惶惑，于是便产生了一种阶段性的发展困惑。

根据职业生涯发展路径的观察和研究，结合年龄增长和家庭负担对事业的影响与冲击，可以将一个人的职业生涯简单地划分为五大阶段。

1.“青黄不接”阶段——毕业后工作 2—3 年

很多企业在招聘应届大学毕业生时往往是“专业不限”，这在营销领域表现尤为突出：不管你是学什么的，只要你对营销工作怀有热情，就欢迎你加盟；并且，公司往往还不惜重金来对这些新员工进行大规模的培训，美其名曰“只有一张空白的纸才能画出最美的图画”。然而，当你工作了两三年，就迎来了“姥姥不疼，舅舅不爱”的最为致命的“青黄不接”时期：一方面是企业嫌你已经不再单纯，已经浸染了一定的习气，不能再像一张白纸一样任意涂画了；而另一方面却又认为你工作这么短时间，还没有掌握真正的业务技能，不能为公司“独当一面”，尚处于“一瓶不满，半瓶晃荡”的状态。

2.“职业塑造”阶段——毕业后工作 3—7 年

一旦你耐心地挨过了“青黄不接”阶段，你便马上迎来了关键的“职业塑造”阶段。在这个阶段，由于经过了 1—3 年的工作磨练，不但使你熟练地掌握了工作技能，同时也开始形成你的“职业性格特点”：哪些是你擅长的地方，而哪些又是你不足的地方，只要你稍加留意和总结，一切便都暴露无遗。这时候你的重点在于“扬长”，而不是“护短”，因为，你的缺点你自己知道，你的领导也肯定很清楚。也千万不要妄想着去弥补你个性特征方面的缺陷，因为你的性格和特长都已经基本形成。正确的做法就是最起码先要保证“扬长避短”，然后再通过你的合理调整和矫正，来实现“取长补短”。在这种态度的指引下，你和你的领导才能更为清楚地知道你该干什么，这就像我们在生活中常说的“××就是干什么工作的料”。

3.“职业锁定”阶段——毕业后工作 7—10 年

随着你对自身能力和性格特点的日渐明晰和不断的实践锻炼，你就渐渐地向着“职业锁定阶段”递进。这时候由于你自然年龄的到位（比如，该成家了）和工作年龄的成熟，你就不自觉地开始认定你是干哪一行的了。

职业锁定对你来说有利有弊，一方面，你成为你这个领域的行家里手，另一方面，由于在一个领域工作时间长久，你接下来的求职面会变窄。

4. “事业开拓”阶段——毕业后工作 10—15 年

到这个阶段的时候，你大概已经是年过而立了。从这个阶段起，“职业”变成了“事业”，这意味着你开始从前期职业阶段中的技能、经验及资金积累走到了事业开拓的地步。在这个阶段，你可能仍然保持着原来的“职业”状态，仍然是每天在为老板的事业而奔波，但年龄和阅历已经将你推向了事业发展的起跑线。你跑也得跑，不跑也得跑，你不仅是为自己而跑，你的家庭也在逼迫你为他们着想，你的事业心和成就感都决定了你要开始考虑自我了。

5. “事业平稳”阶段——毕业后工作 15—30 年

在这个阶段，你已经步入“不惑之年”，前期的“职业阶段”和“事业开拓阶段”已经为你留下了丰厚的积淀。在这个阶段，你面临的挑战是如何能够使你的事业在平稳中持续上升。这期间你还要不断地去观察市场、了解市场，不能有丝毫的松懈。你可能会感觉很累、很辛苦，不过你见的多了，承受压力的能力也增大了很多。

曾经的豪言壮语在这个阶段可能变为现实，你将迎来事业的巅峰，不过能否收获这一美妙结果取决于你在前面的几个阶段上有上佳表现，正所谓“世间自有公道，付出定有回报”。

◆ 提升自我，超越“停滞”

每个人都希望做令人羡慕的职场明星，成为公司的骨干和核心成员，被领导赏识，被同事喜欢，不断得到晋升和晋级，获得优厚的薪水和福利待遇。可是，对于多数人而言，这只是他们期待的理想状态。现实的情况是，更多的人只能接受长时间不得志的苦涩，他们做过许多的努力，却由于各种各样的原因，始终没能引起领导“应有的”重视，在晋升的道路上止步不前。这种状况正在困扰着对社会和人生充满激情和希望的年轻人，打击着他们的自信，困扰着他们的思想。

职场中人的理想就是希望自己的努力能够得到认可，通过自己的劳动和付出获得应该得到的东西，在工作中获得人生的成就感。人人都希望自己正在走的是一条上升的路，希望今天比昨天进步一点，明天比今天再进步一点，可就是这并不奢侈的愿望，也总是不能如愿。为什么？到底是谁出了问题？是员工、经理还是公司？

出现问题，从自身找原因永远没有错误。请看看下面的故事，也许你能从中找到答案。

有一位作家来到工地上，他问三个正在砌砖的工人："你们在做什么呢？"

第一个工人没好气地嘀咕道："你没看见吗，我正在砌墙啊。"

第二个工人无精打采地说："嗨，我正在做一项每小时 5 元的工作呢。"

第三个工人哼着小调，欢快地说："你问我啊朋友，我不妨坦白告诉你，我正在建造这世界上最伟大的大厦呢！"

你可能不喜欢你所从事的工作本身，你认为从工作中得不到丝毫的乐趣，也毫无创造性可言，除非能获得不断的晋升或者加薪。然而，晋升总会停止，薪水也总有顶点，假如你对工作的期待只是更高的职位和更多的薪水，那么，迟早你将迎来动力枯竭的一天。在很多情况下人们都把成功定义为得到更多的东西：更多的权力、更多的金钱、更多的责任和更高的名声。许多人认为自己可以不断地获得成功，每当一个功利目标实现时，甚至还没有来得及好好品味成功的喜悦，又催促自己去角逐下一个更大的蛋糕。

对于砌墙的工人来说，什么是他们的希望，什么又是他们的成功呢？

必须重新思量成功的涵义，成功的涵义必须扩大。那些排除万难进入高阶层的少数人无疑是成功的，然而，成功也属于那些持续求知的人，那些在平凡岗位上默默奋斗、不断改进生活的人。

成功表现为一定的外在目标的实现，这是成功的外表；成功更有其内在的标准——一个人对自己工作价值的自我肯定。砌墙的工人不只是替老板工作，也不是为了每小时 5 元的报酬，他完全可以做到："我在建造世界上最伟大的大厦。"

其实，成功人士之所以比别人取得更大的成就，只是因为他们更善于做一些琐碎的事情，并善于从中思考，获得启迪，以帮助自己不断进步。正是这一点一滴的积累打开了他们的智慧之门，使他们前进的道路步子越迈越大，路子越走越宽，以加速度前进，但这所有的一切都源于平时的积累与思考。

积极的心态，良好的个人修养，扎实的工作，不断学习与超越才是职场明星的正确态度。

面对不可避免的停滞，你必须直面问题，放弃不切实际的雄心壮志，以积极的态度树立切实的目标。老骥伏枥、志在千里固然可嘉，然而只有可行才更可贵。

陷于停滞的人必须为自己创造合适的新机会，以便在新的领域建立自尊，树立希望。当你不再能从付出中获得功利的满足和刺激时，就会感觉到停滞。其实停滞的是你的自我意识，当你为不能获得更进一步的职位晋升或是更高的薪水而沮丧时，那很可能是你的生命意志变得僵化了。

人们往往错误地认为，工作、生活的快乐与否，完全取决于外在刺激的大小。似乎外在刺激越大，生活也就越有奔头。这看起来似乎很有道理，却忽视了一个关键问题，那就是您自己头脑的加工。例如，面对火车晚点这一负面刺激，有的人大发雷霆，急得团团转，焦躁上火；有的人会到小卖部逛逛，安然等待；有的人则选择在候车室给朋友写封信，充分利用时间。很显然，这三种不同的反应，绝不是由外界刺激的大小决定的，而是由他们对同一刺激选择的不同态度决定的。仅仅是环境并不能使人快乐或不快乐，真正决定人们快乐与否的是人们对外界环境刺激所选择的不同态度。也就是说，事件本身没有压力——它们是否使我们感到紧张在于我们以什么样的思考方式和方法看待它们。

世事万物处在永恒的不确定和变化之中，而内心的适时而变则是应对这种不确定性的最好的办法。有些人认定自己不能克服环境的局限性因而不愿改变他们的生活方式，他们或是惧怕接触不熟悉的事务，或是为责任感所麻痹，或是因缺乏自信而被动认命。他们发现照原样生活仍能维持舒适宁静，因为他们偏好的生活是建立在重复而可预期的安全感之上的，这会让他们觉得自己完全掌握了生活。然而，这种生活不会让人进步，因为它的本质就是机械性的重复。

的确，人需要一定程度的安全感，但同时也需要一点风险，稳定与挑战是人生的基调，只是在人生的不同阶段，二者各自所占的比重有所不同。人生并非永无止息的高潮迭起，虽然我们可以达到高峰，可一旦目的达到，就难以为继，而成功后的安全感将原有的兴奋与刺激化为了满足现状的安逸。人们寻求稳定，以便充满勇气地接受生活中的挑战，这样既能知道自己如何生存，又能感受到个人的成长。

正如结构型停滞需要个人对自己的能力有所认同，生活型停滞则需要我们对自己的人生机会有所抉择。

人们惯于以角色来衡量自己，往往认为换个角色就可以摆脱停滞。但是，换个角色并非惟一的选择，因为谁也不能自由选择自己的角色。当你处于停滞时，你应当视之为价值转换期，把它看做生活的新的起点，它能把你带向人生的新阶段。处于停滞状态的人，就像登山者处在半山腰时，面临两条不同的路径：一条通往山顶但无法走通，另一条路很可能是“曲径通幽处”。停滞正是你深思、反省、寻求变化的机遇，是人生的休耕期，它催促你及时自我检讨，以便获得新的机会。

持续的改变促使人的心理成长起来，只有不断地面对问题与冲突，才能使人日益成熟。不要盲目地把自己同别人做比较，重要的是自己的感觉。重新审视从付出中得到的东西吧，因为只有内心拥有新的动机，未来才会充满新的希望。如果你能在停滞的征兆初现时，就能试着“动起来”，给自己一颗年轻的心，那么你将顺利跨过这个高原期的困扰，在下半场赢得更精彩。

所有人都需要过一种有意义、有目的的生活，当你重新确立了生活的目的，人生就有了方向和意义。人生就是过去、现在和未来的永恒更替，只要你从僵化的思维中走出来，以求变的积极心态迎接挑战，人生就不会有空白，也不会有真正的停滞。

常以积极健康的心态鼓励自己，你就能从中体验到更多的成功和快乐。突破停滞的关键是你要对自己的未来负责，把对自己生命的责任感和灵活的适应性策略结合起来。下面这些策略或许有助于你走出停滞：

1. 合理调整生活目标。

一位因车祸而致残的跳高运动员问心理学家：“你认为我还有前途吗?”心理学家对他说：“如果你想当个跳高运动员的话，那是没有前途了，如果你想做个有用的人的话，那就还大有前途啊。”对于这位不幸的年轻人来说，他的生活目标因意外事故而突然被改变了，如果他还是以当运动员为生活目标的话，那他只能陷入绝望。对这样的人而言，重新建立合理的生活目标，找一个适合自己而又喜欢的工作，有助于增加对自身能力的信心，他会在体育运动之外的领域看到希望和前途并因此重新振作起来。

2. 走出自我的小天地，置身集体之中。

遭遇困境时多与人沟通，多交朋友，尤其是要和那些精力充沛、充满活力的人相处。这些生命力旺盛的人会使你更多地感受到生活的光明和美好。

3. 对自己面临的挑战充满自信。

重新自我定位，考虑更远大的前景。如果你现在的定位不够成功，不妨观察一下你身边的其他机会。

4. 保持有规律的生活。

按时起居、按时休息、按时学习、按时锻炼等，有规律的活动能简化你的生活，帮你走出烦恼，使你有更多的精力去做别的事情。多完成一件事，就会使人多一份成就感和价值感。

5. 积极地向知心朋友、家人诉说自己的不愉快。

当处于极其悲哀的痛苦中，要学会向人倾诉，保持开放的心境。另外，多参加文体活动，写日记、写不寄出的信自我沟通，都可以帮助消除心理紧张。避免自我强迫，做出更高的承诺以求得跳出困境。

6. 主动地把自己和公司发展联系起来。

通过分析公司的目标、现状和未来战略来重新审视自己在公司的价值。

然后盘算一番自己如何做才能为公司做出具体的贡献。

7. 一旦你对现在的工作驾轻就熟，就要申请新的任务或承担新的挑战，不断为自己设定新的目标。

8. 不要消极等待别人对你的工作做评价。

每隔三个月和你的主管交谈，听取他对你该如何改进工作的建议。和主管沟通、听取意见时心胸要开阔，把它看作是一次重要的学习机会。主动寻求领导的反馈显示出你虚心好学求上进的态度。

9. 自我考核。

将你的成绩和进步记录在案，以便总结时能对自己的所作所为一目了然。通过在单位的积极表现，扩展你的影响，努力使自己成为核心成员。多帮助他人，使你更受大家欢迎。

10. 做学习型员工。

网络时代的今天，人人都可以利用互联网资源来武装自己，不断汲取新知识，与现在的科技进步保持同步。

能够成为你自己本身的导师与典范的，惟有发自你的天性。惟有自己，才有资格成为自己的导师和内心的解放者。

◆ 乐在工作

找一个头脑清醒、没有情绪的时候，好好问问自己：工作对我究竟意味着什么，是一份维持生活的薪水，还是一份耕耘人生的事业？

毫无疑问，工作是人生中最不可或缺的一部分。人的一生中，可以没有很大的名望，也可以没有很多的财富，但不可以没有工作的乐趣。如果你从工作中只得到厌倦、紧张与失望，你的一生将会多么痛苦和悲哀。要从工作中得到乐趣，首先不要把自己变成工作的奴隶，陷入追逐职位、薪水的欲望列车上而不能自拔。

试着让自己做工作的主人吧。当你在做自己喜欢的工作时，你会感觉到厌倦和疲惫吗？比如，在一个假日里你到湖边去钓鱼，整整一个下午都没有钓到一只鱼，你会觉得白费了心力吗？不，不会的，你一点都不觉得累，也不会因为“一无所获”而感到失望，因为在钓鱼的幽坐中，你享受到了真正的快乐。

乐趣不在于工作最后带给你的功利结果，真正的乐趣在于坚守工作的过程中。“乐在工作”是简单易懂的四个字，但要真正领悟它的真义却不是那么简单。“乐在工作”是职业生涯的“根本”，一个没有“根本”的人不可能享受到真正的工作的成就感。

亚伯拉罕·林肯说：“只要心里想快乐，绝大部分人都能如愿以偿。”工作、生活不乏乐趣，但人们往往不是从生活、工作中去寻找乐趣，而是等待乐趣。他们认为结婚、找到好工作、买下房子、完成某项任务或者取得某种胜利后，人生就会快乐起来。他们不理解快乐是一种心理习惯，一种心理态度。即使你是一个电话接线员或是一个电梯司机，每天不得不做着极其相似的工作，你也可以走出单调无味，让自己的工作变得有趣一点。快乐纯粹是内在的，它不是由于客体，而是由于观念、思想和态度而产生的。不论环境如何，个人的活动能够发展和指导这些观念思想和态度。

萧先生去杭州参加研讨会，因为开会的地点不在他下榻的宾馆，他对着地图研究了半天，仍然不知道该如何前往会场，于是他走到大厅的服务台，请教当班的服务人员。

接待他的是位五六十岁的老人，脸上挂着城市里少见的灿烂笑容，他从容地摊开地图，详细地为萧先生写下路径指示，并带着他到门口，对着马路比划会场的方向。

他的热忱及笑容让人如沐浴春风。在致谢道别之际，老人微笑有礼地回应：“不客气，祝你顺利地找到会场。”临走前他还补了一句：“我相信你一定会很满意那里的服务，因为那儿的服务员是我的徒弟！”

“太好了!”萧先生惊讶地笑了起来：“没想到你还有徒弟!”

老人的脸上笑容更灿烂了：“是啊，20年了，我在这里当服务员已经20年，培养出无数的徒弟。我敢保证我的每一个徒弟都是最优秀的服务员，名师出高徒嘛!”他的言语流露出发自内心的自豪。

“啊?都20年了，你一直站在旅馆的大门口啊?”

老人回答说：“我总认为，能为别人提供切实的帮助是很过瘾的事情，哪怕只是为人指指路。每年有多少外地旅客来到杭州旅游观光啊，如果我的服务能帮助他们减少‘人生地不熟’的不便，让大家感到宾至如归，因此有个愉快的假期，这不是很令人开心吗?这让我感觉自己也跟着大家度过了假期一样的愉快。”

这真是个懂得工作真谛，而能乐在其中的人啊!

把工作当做你发挥创造力的舞台吧，只要你愿意，每一项工作都可以成为一项具有高度创造性的活动。一位教师上好一堂课，决不逊色于导演编排一出精彩的戏剧；一个体操运动员行云流水般的肢体动作，其创造性完全可以和莎士比亚的14行诗相媲美，并且他们都可以获得同样的精神享受。

把工作当成艺术创作吧。一位著名的艺术批评家指着一位在附近挖排水沟的工人赞赏地说：“这是一个真正的艺术家。在他手里那些污泥竟能以铁锹的形状在空中留下一道优美的曲线，犹如长了眼睛一般恰好落到他想让它落到的地方。”把自己的工作当成艺术创作来对待，把单调、枯燥的打字看成是在钢琴前弹奏一首旋律动听的歌曲吧，生活就是这样才变得趣味盎然的。

结　　语

老猫看到自己的孩子小猫在追自己的尾巴，便问它："你为什么追自己的尾巴啊？"

小猫振振有辞地回答说："我听说，对于一只猫来说，最为美好的便是幸福，而幸福就是我的尾巴。所以，我正在追它，一旦我捉住了我的尾巴，我将得到幸福。"

老猫语重心长地说："我的孩子，我也曾考虑过生活的各种问题，我也曾认为幸福就是我的尾巴。但是，我现在已经发现，每当我追逐自己的尾巴时，它总是一躲再躲，而当我着手做自己的事情时，它却总是形影不离地伴随着我。"

这是一个生机勃发的时代，在这个时代里，人们真正可以选择自己想要变成什么，选择想要做什么，选择往哪里去。这是一个一切都有可能的自由的年代，生活从未这么轻松过，也因为如此，生活也从未这么艰难过。每当经历大的生活变迁时，人们总会不停地发牢骚，被莫名的恐惧深深地困扰着。如果让颓丧感控制了你，你就会感到恐慌；如果你惯于控制住感情，然后开始用行动来摆脱困境，那么任何停滞和困境都不能让你停止追求幸福的脚步。

如果你无法把握自己的未来，不管你愿不愿意，别人都会取代你。记住，你追求的是你的命运，不是我们的命运，而且你最终要取悦的人是你自己。

调整每个晚上的情绪，为一个美好的明天做准备吧。